ARISTÓFANES
(444 a.C. -385 a.C.)

Pouco se sabe sobre a vida de Aristófanes. O que se pode dizer é que ele era considerado cidadão ateniense e que nasceu, muito provavelmente, em 444 a.C., em local ignorado. Por meio de sua obra, pode-se dizer que ele recebeu uma sólida educação filosófica e musical, como, aliás, acontecia na época com aqueles que se tornavam autores teatrais. Relacionou-se com pessoas da elite ateniense e movimentava-se nos meios intelectuais (em *O banquete*, Platão mostra-o acompanhando Sócrates e outros eruditos, e o próprio Sócrates, por sua vez, foi personagem em *As nuvens* e *Connos*, de Aristófanes). Estreou nos concursos teatrais no ano de 427 a.C., com a peça *Os banqueteadores*, que foi apresentada por outro dramaturgo, pois Aristófanes ainda não atingira 18 anos, idade necessária para competir. Não se sabe qual a colocação obtida. Ao longo de sua vida, escreveu e apresentou cerca de quarenta comédias. Destas, conhecemos alguns títulos, vários fragmentos e onze peças inteiras (que foram adotadas nas escolas de retórica dos romanos). As comédias que nos chegaram inteiras são: *Acarnenses* (425 a.C.), *Cavaleiros* (424 a.C.), *Nuvens* (423 a.C.), *Vespas* (422 a.C.), *Paz* (421 a.C.), *Aves* (414 a.C.), *Lisístrata* (411 a.C.), *Mulheres que comemoram as Tesmofórias* (411 a.C.), *Rãs* (405 a.C.), *Assembleia das mulheres* (392 a.C.) e *Pluto* (388 a.C.).

Aristófanes morreu entre 385 a.C. e 380 a.C., deixando dois ou três filhos, um dos quais, A r a r o s, também foi um poeta cômico d

Leia também na Coleção **L&PM** POCKET:

As fenícias – Eurípides
Antígona – Sófocles
Édipo Rei – Sófocles
Édipo em Colono – Sófocles
Odisseia I: Telemaquia – Homero
Odisseia II: Regresso – Homero
Odisseia III: Ítaca – Homero
Os sete contra Tebas – Ésquilo

Livros de Millôr Fernandes publicados pela **L&PM** EDITORES:

A entrevista
Hai-Kais
O livro vermelho dos pensamentos de Millôr
Millôr Definitivo – A bíblia do caos
Poemas

Teatro

Um elefante no caos
Flávia, cabeça, tronco e membros
O homem do princípio ao fim
Kaos
Liberdade, liberdade (com Flávio Rangel)
A viúva imortal

Traduções e adaptações teatrais

As alegres matronas de Windsor (Shakespeare)
A Celestina (Fernando de Rojas)
Don Juan, o convidado de pedra (Molière)
As eruditas (Molière)
Fedra (Racine)
Hamlet (Shakespeare)
O jardim das cerejeiras seguido de *Tio Vânia* (Tchékhov)
Lisístrata (Aristófanes)
A megera domada (Shakespeare)
Pigmaleão (Bernard Shaw)
O rei Lear (Shakespeare)
Shakespeare traduzido por Millôr Fernandes

ARISTÓFANES

LISÍSTRATA
A GREVE DO SEXO

Tradução e adaptação
de Millôr Fernandes

www.lpm.com.br

L&PM POCKET

Coleção **L&PM** POCKET, vol. 316

Texto de acordo com a nova ortografia.

Primeira edição na Coleção **L&PM** POCKET: março de 2003
Esta reimpressão: abril de 2024

Tradução: Millôr Fernandes
Capa: Ivan Pinheiro Machado
Revisão: L&PM Editores

A716L

Aristófanes, 444 a.C. -385 a.C.
  Lisístrata/ Aristófanes; tradução de Millôr Fernandes. – Porto Alegre: L&PM, 2024.
  128 p. ; 18 cm. – (Coleção L&PM POCKET; v. 316)

  ISBN 978-85-254-1252-2

  1.Ficção grega-comédias. I.Título.II.Série.
                                    CDD 887

                                    CDU 875-22

Catalogação elaborada por Izabel A. Merlo, CRB 10/329.

© Millôr Fernandes, 2003

Todos os direitos desta edição reservados a L&PM Editores
Rua Comendador Coruja, 314, loja 9 – Floresta – 90.220-180
Porto Alegre – RS – Brasil / Fone: 51 3225 5777

PEDIDOS & DEPTO. COMERCIAL: vendas@lpm.com.br
FALE CONOSCO: info@lpm.com.br
www.lpm.com.br

Impresso no Brasil
Outono de 2024

Sumário

Lisístrata / 7
Sobre a peça / 120
Sobre o tradutor / 124

LISÍSTRATA
A GREVE DO SEXO

PERSONAGENS

Lisístrata
Cleonice
Mirrina
Lampito
Coro de velhos
Coro de mulheres
Um comissário
Cinésias
Filho de Cinésias
Filostratos
Arauto espartano
Embaixador de Esparta
Cidadão ateniense
Soldados
Marido de Lisístrata

CENA

No primeiro plano, de um lado a casa de Lisístrata, do outro a de Cleonice. Ao fundo, a Acrópole. Um caminho estreito e cheio de curvas conduz até lá. No meio dos rochedos, em segundo plano, a gruta de Pã. Lisístrata anda pra lá e pra cá, diante da casa.

LISÍSTRATA – Pois é. Se tivessem sido convidadas para uma festa de Baco isso daqui estaria intransitável de mulheres e tamborins. Mas, como eu disse que a coisa era séria, nenhuma apareceu até agora. Só pensam em bacanais. Hei, Cleonice! Bom dia, Cleonice!

CLEONICE – Bom dia, Lisístrata. Magnífico dia para uma bacanal.

LISÍSTRATA – Cleonice, pelo amor de Zeus: Baco já deve andar cansado.

CLEONICE – Que aconteceu, boa vizinha? Tens a expressão sombria, um olhar cheio de repreensão, a testa franzida. O avesso de uma máscara de beleza.

Lisístrata – Oh, Cleonice, meu coração está cheio de despeito. Me envergonho de ser mulher. Sou obrigada a dar razão aos homens, quando nos tratam como objetos, boas apenas para os prazeres do leito.

Cleonice – E às vezes nem isso. Cibele, por exemplo...

Lisístrata – (*Repreensiva.*) Por favor, Cleonice. (*Pausa.*) Não é hora para maledicências. (*Pausa.*) No momento em que foram convocadas para uma decisão definitiva na vida do país, preferem ficar na cama em vez de atender aos interesses da comunidade.

Cleonice – Calma, Lisinha! Você sabe como é difícil para as donas de casa se livrarem dos compromissos domésticos. Uma tem que ir ao mercado, outra leva o filho à academia, uma terceira luta com a escrava preguiçosa que às 6 da manhã ainda não levantou. Sem falar no tempo que se perde limpando o traseiro irresponsável das crianças.

Lisístrata – Mas eu avisei que deixassem

tudo. A coisa aqui é muito mais urgente. Muito maior.

CLEONICE – Tão grande assim?

LISÍSTRATA – Acho que nenhuma de nós jamais encarou nada tão grande. Ou nos reunimos e enfrentamos juntas ou ela nos devora.

CLEONICE – Mas, então, se você mostrou a elas a exata dimensão da coisa, não compreendo que não tenham vindo logo correndo, todas!

LISÍSTRATA – Ah, Cleonice, que cansaço! Do que é que você está falando? É claro que se fosse o que você pensa ninguém teria deixado de comparecer imediatamente. Mas o problema é muito diferente. Tenho passado noites em claro, me virando na cama prum lado e pro outro sem encontrar uma posição correta diante dele. A todo instante cresce e diminui diante de meus olhos. Não sei o que fazer. Preciso de auxílio.

CLEONICE – (*Ainda incapaz de levar a coisa a sério.*) Será que nós duas sozinhas não podemos reduzir o negócio a proporções menos alarmantes?

Lisístrata – Nós duas sozinhas como, Cleonice? Estou falando da salvação da Grécia.

Cleonice – Ah, é isso, enfim, a coisa que te preocupa. Pobre Lisístrata, se você pensa que pode salvar a pátria reunindo as mulheres numa praça... Sagrada ingenuidade! Muitos já o tentaram antes... Muitos o tentarão sempre através dos séculos.

Lisístrata – Não com meu plano. Reuniremos *todas* as mulheres da Grécia, incluindo as beócias e as peloponesas. E acabaremos de vez com as lutas fratricidas, que nos deixam à mercê dos bárbaros que descem lá do norte.

Cleonice – Se não é impertinência da minha parte, me responde: como é que nós, mulheres, vamos derrotar os homens? Batendo neles com as nossas sandálias douradas, arranhando eles com as nossas unhas polidas, sujando eles com nossos cosméticos ou sufocando eles com nossas túnicas transparentes?

Lisístrata – Serão essas, exatamente, as nossas armas, mas usadas normalmente. As túnicas provocantes, os perfumes tentadores, os cosméticos enganadores, o corpo todo, assim tratado e entremostrado, o corpo todo assim tornado irresistível.

CLEONICE – Irresistível mesmo? Você acha?

LISÍSTRATA – Se fizerem o que eu digo, e como eu digo, nenhum guerreiro mais levantará sua lança...

CLEONICE – ... Ah, não!

LISÍSTRATA – (*Olhar de simpática censura.*)... contra outro guerreiro.

CLEONICE – Ah, sim!

LISÍSTRATA – Todos imediatamente largarão os escudos...

CLEONICE – Ah, é? Vou depressa ao tintureiro buscar minha túnica amarela.

LISÍSTRATA – ... abandonarão espadas...

CLEONICE – Nesse caso, então, talvez seja melhor a camisola transparente.

LISÍSTRATA – ... e voltarão correndo.

CLEONICE – Correndo vou eu mudar o lençol da cama.

LISÍSTRATA – Me diz agora, não era pra elas já estarem aqui reunidas?

CLEONICE – Mas se! Deviam vir voando.

LISÍSTRATA – Você vê, como verdadeiras atenienses só irão agir quando for demasiado tarde. Não apareceu nem uma. Nem daqui, nem do porto, nem de Salamina. Ninguém.

CLEONICE – As do porto, vai ser difícil. Vivem lá atracadas. Mas, ó, vêm umas aí. E atrás vêm mais. Estão chegando. De onde virão?

LISÍSTRATA – De Anagiro.

CLEONICE – Pelo jeito a cidade inteira veio verificar a extensão do negócio que você propôs. (*Mirrina entra, seguida por outras mulheres.*)

Mirrina – Chegamos muito tarde, Lisístrata? Que foi, perdeu a fala?

Lisístrata – Que é que você quer que eu diga? Parece que não se apressou muito, apesar da urgência que pedi.

Mirrina – É que estava escuro, não encontrei minha cinta... essas coisas. Mas se o assunto é urgente convém não perder mais tempo do que já perdemos. Aqui estamos. Fala!

Cleonice – Bem, demora por demora, acho que podemos esperar mais um pouco pelas mulheres da Beócia e do Peloponeso.

Lisístrata – Eu também acho... Mas não é preciso. Lá vem Lampito. (*Entra Lampito, uma jovem espartana grande e forte, com duas outras moças, uma beócia e outra coríntia.*) Bom dia, Lampito, cara amiga espartana. Você está uma beleza, menina. Pele maravilhosa. Resplandecente! E forte, puxa! É capaz de estrangular um touro.

Lampito – O touro que se cuide. (*Vira-se de costas.*) E isso aqui, que tal? Agora, em Esparta, nós todas estamos praticando uma ginástica formidável para as nádegas.

Cleonice – É difícil? (*Enquanto isso, abre a roupa de Lampito e lhe descobre os seios.*) Hum, que peitos maravilhosos.

Lampito – Para, menina. Você me apalpa como se eu fosse uma galinha! Có – Có – Có – Có!

Lisístrata – E essa outra mocinha, de onde ela é?

Lampito – É uma jovem nobre, da Beócia.

Lisístrata – Ah, encantadora amiga, eu te saúdo, fértil jardim em flor.

Cleonice – (*Fazendo outra inspeção.*) Em flor, sim, por Zeus. E cheia de orvalho. Rasparam o capinzinho todo do canteiro principal.

Lisístrata – (*Apontando a Coríntia.*) A outra aí, de onde vem?

LAMPITO – De uma família proeminente de Corinto. (*Olhando a bunda da moça, de perfil.*) Trata-se de uma calipígia.

CLEONICE – Proeminentíssima.

LAMPITO – Mas, afinal, quem foi que convocou esta assembleia de mulheres?

LISÍSTRATA – Eu.

LAMPITO – Pois bem, diz o motivo. Que deseja de nós?

CLEONICE – Sim, cara Lisinha, já é tempo de você revelar a todas a dimensão do negócio. Porque a gente não pode se enfiar nisso assim no escuro.

LISÍSTRATA – De acordo. Antes porém vou fazer uma pergunta. Uma perguntinha só.

CLEONICE – Pergunta o que quiser.

LISÍSTRATA – Vocês não sentem falta dos pais de seus filhos, que as guerras afastaram por tanto tempo do convívio familiar? Aposto que todas vocês estão temporariamente viúvas. Não há uma só que tenha o marido presente aqui em Atenas.

CLEONICE – O meu eu não vejo há mais de cinco meses. Faz parte do grupo que vigia Eucrates.

LAMPITO – Soldados vigiando o próprio general: eis uma novidade!

CLEONICE – Eucrates é um general competente e o comando não pode prescindir dele. Mas se não o vigiam é capaz de vender ao inimigo até a própria farda. (*Todas riem.*)

MIRRINA – Meu marido partiu para Dalos, sete meses atrás.

LAMPITO – E o meu, a última vez que esteve em casa só teve tempo de pegar um escudo e partir de novo. Nem vi a cor de sua masculinidade.

LISÍSTRATA – É assim com todas. Há meses

não recebem a paga natural do casamento. Eu, desde que a guerra começou, não encontro em casa nem mesmo a bainha de uma adaga, aquele palmo de couro curtido e envernizado que poderia me consolar nos dias mais intensos. Me digam, pois, se eu explicar a vocês uma maneira perfeita de pôr fim à guerra, vocês me ajudam, se unem a mim, enfrentam as naturais dificuldades da luta?

Cleonice – Claro que sim, Lisís. Nós, de Atenas, todas nós concordamos, mesmo que tenhamos que passar uma semana inteira sem uma gota de vinho.

Mirrina – Por mim, também concordo, mesmo que tenha que cortar um braço pra me alimentar.

Lampito – Eu também, é claro. Pra conseguir a paz subirei de joelhos ao pico do Taigeto.

Lisístrata – Bem, então vou revelar o meu grande segredo. Oh, irmãs de solidão e sofrimento, para obrigar nossos maridos a fazerem a paz, devemos todas nos abster...

Cleonice – Abster de quê?

Lampito – Diz!

Mirrina – Fala!

Lisístrata – Mas vocês cumprirão o prometido? Se absterão completamente do que eu disser?

Mirrina – Prometemos! Nem que essa abstenção nos cause a morte.

Lisístrata – Pois bem, vocês terão que se abster daquela pequena parte do homem que mais o classifica como tal. Ué, por que viram as costas? Onde é que vocês vão? Você aí, por que morde os lábios? E você, por que balança a cabeça desse jeito? Estão todas pálidas! Até há algumas amarelas. Mudaram todas de cor. Estão chorando? Respondam, ao menos! Vão ou não cumprir o que prometeram? Qual é a dificuldade?

Cleonice – Pra mim, total. Eu não resisto. Que a guerra continue.

Mirrina – Eu também. Que continue a guerra!

Lisístrata – (*Para Mirrina.*) Mas não era você que estava disposta a comer o próprio braço?

Mirrina – Estou disposta a sacrificar esse membro, mas não a me privar do outro. Tudo, tudo que você quiser, amada Lisístrata. Menos isso.

Cleonice – Lisinha, me pede para atravessar uma fogueira com os pés nus, eu o farei sem hesitação. Mas não nos prive da coisa que faz a vida, da coisa melhor da vida, da coisa que é a própria vida!

Lisístrata – Tua opinião também é essa?

Mirrina – Creio que é a de todas. Preferimos a fogueira proposta por Cleonice.

Lisístrata – Ó, sexo dissoluto, ao qual me envergonho de pertencer! Não é à toa que nos fazem personagens centrais de tudo que é comédia sem-vergonha. Só prestamos para o leito e suas variações. (*A Lampito.*) Mas você, querida, eu sei que posso contar com você, criada na dureza da vida espartana. Se você me apoiar, tudo ainda poderá acabar bem. Me ajuda, me segue... eu imploro.

LAMPITO – É penoso, ó, Zeus, uma mulher dormir sozinha sem algo a que se agarrar se lhe acontecer um pesadelo. Mas aí... (*Pausa, suspense.*) ... a paz deve vir primeiro.

LISÍSTRATA – Minha querida, minha idolatrada amiga, entre todas você é a única que merece o nome de mulher.

CLEONICE – E se – digamos só pra argumentar – nós tomássemos a medida que você recomenda – abandonando por algum tempo a medida que mais apreciamos –, a paz seria certa? Você garante?

LISÍSTRATA – Juro que sim, pelas duas deidades. Devemos apenas ficar em casa, vestidas e arrumadas o melhor que soubermos, de preferência usando uma túnica transparente que nos deixe quase nuas, mostrando nosso delta irresistivelmente depilado. Mas quando os maridos apontarem pra nós a agressiva insolência dos seus desejos, nós nos retiraremos deixando-os sozinhos no campo de batalha, de armas na mão, sem saber o que fazer com elas.

Cleonice – Nunca ouvi falar de tortura semelhante. Nós resistiremos?

Lisístrata – Deveremos pensar firmemente em qualquer outra coisa.

Cleonice – Como pensar em outra coisa diante de tal coisa?

Lisístrata – Aí está nossa dificuldade. Mas nosso dever é esse. Se resistirmos eles não resistirão. E teremos a paz.

Lampito – Dizem que isso aconteceu a Menelau. Quando viu os seios de Helena percebeu que tinha que escolher entre duas espadas. Largou a da guerra e empunhou a da paz.

Cleonice – Mas suponhamos que nossos maridos resistam mais do que nós, nos abandonem?

Lisístrata – O risco de qualquer batalha é perder a batalha. De qualquer forma deveremos tentá-los até o ponto em que esqueçam qualquer estratégia.

Cleonice – Uma última hipótese. Se nos pegarem à força?

Lisístrata – Segurem-se nas portas, agarrem-se nas camas, encolham o corpo em posição fetal.

Cleonice – E se nos baterem?

Lisístrata – Cedam então, mas não se mexam, não colaborem, sejam cadáveres frios diante da potência e da prepotência até a pospotência. Eles têm pouco prazer quando sentem que não correspondemos. Sobretudo se nossas mãos permanecerem inertes, eles logo se cansarão da brincadeira. No amor as mãos são preciosas.

Cleonice – Bem, amigas, acho que devemos, pelo menos, tentar. Se Lampito e Lisístrata concordam, eu concordo também. À luta!

Lampito – Nós, espartanas, estou certa, conseguiremos levar nossos homens a uma paz justa e sábia. Mas essa populaça ateniense, esses ignorantes, é possível curá-los da sua terrível tendência belicosa?

Lisístrata – Não tenha medo: faremos nosso povo ouvir nossas razões.

Lampito – Você acredita? Acho impossível. Enquanto estiverem em poder da frota e dominarem os imensos tesouros da Acrópole, acho impossível. Poderão até comprar mulheres estrangeiras.

Lisístrata – Nós já cuidamos disso. A primeira missão de paz será uma ação de guerra. Ainda hoje o tesouro ateniense estará em nossas mãos. Encarregamos disso as mulheres mais velhas. Enquanto discutimos aqui o nosso acordo, elas invadem a Acrópole a pretexto de oferecer sacrifício e expulsam de lá os poucos guardas.

Lampito – Muito bem pensado, sábia Lisístrata. Você é um general; comanda.

Lisístrata – Antes de tudo, Lampito, um juramento de sangue, para que nosso pacto seja inviolável.

Lampito – Você diz os termos; nós os repetimos.

Lisístrata – O prazer é todo meu. Onde é que está nosso sargento? (*Uma mulher se apresenta, devidamente militarizada.*) Que é que você está olhando, assim, aparvalhada? Põe o escudo virado aí no chão, pros votos e pro sacrifício. Que alguém me traga as entranhas de um animal.

Cleonice – Espera, Lisístrata, que juramento é esse?

Lisístrata – Um juramento sagrado que eu vi numa peça de Sófocles. Mata-se um carneiro, põe-se o sangue num escudo, e ali se jura como...

Cleonice – Não, Lisístrata, isso é um juramento de guerra. Nós buscamos a paz.

Lisístrata – Então, sugere.

CLEONICE – Para a paz, devemos pegar um cavalo branco, sacrificá-lo, e jurar sobre as vísceras dele.

LISÍSTRATA – Mas onde é que nós vamos arranjar um cavalo branco a essa hora da manhã? E depois, quem o mataria? Eu sou incapaz de matar uma galinha.

CLEONICE – Que juramento, então?

LISÍSTRATA – Um juramento Jônio. Colocamos no chão uma taça de argila negra, a enchemos até a borda com vinho da Tessália e juramos beber apenas água até o grande dia da paz.

LAMPITO – Então eu quero saborear bem o vinho do juramento, já que o próprio juramento me proíbe o vinho.

LISÍSTRATA – Alguém de dentro – traga uma taça grande e uma bota de vinho! (*A ordem é cumprida.*)

CLEONICE – (*Acarinhando a bota de vinho.*) Ah, queridas, que peça tão maravilhosa. Lembra, no todo, aquilo que perdemos. A forma, a maciez, a consistência e, inclusive, o extraordinário prazer que nos oferece o conteúdo...

Lisístrata – Cleonice, por favor, para com as tuas analogias. Põe essa coisa no chão. Juremos juntas. Soberana deusa da convicção, e tu, humilde taça da amizade e da comunhão, companheira ocasional da alegria e do prazer de nossos votos, recebe o nosso sacrifício, ampara os nossos pacíficos intuitos.

Cleonice – (*Enquanto Lisístrata derrama vinho dentro da taça.*) Que bela cor tem o sangue dos deuses! Que transparência de luz, que odor de sol, som de cascatas.

Lampito – Por Castor, é toda uma tentação.

Cleonice – Bem, ao juramento, companheiras! Se não têm objeção quero ser a primeira...

Lisístrata – Não, por Afrodite, juremos todas juntas. Ponham todas a mão em cima da taça. E você, Cleonice, repita em nome delas as palavras solenes que eu profiro. Todas devem aprovar o meu sermão. E ficam advertidas de que a jura é inviolável. "Eu não deixarei que nenhum homem do mundo, marido, amante, ou mesmo amigo..."

CLEONICE – (*A voz bem fraca.*) "Eu não deixarei que nenhum homem do mundo, marido, amante..."

LISÍSTRATA – Você esqueceu de dizer *ou mesmo amigo*...

CLEONICE – (*A contragosto.*) "Ou mesmo amigo..."

LISÍSTRATA – Se aproxime de mim de membro em riste. (*A Cleonice, que vira o rosto, distraída, assobiando alguma coisa.*) Repete, vamos.

CLEONICE – Ah, sim. (*Voz fraca e hesitante.*) Ai, minhas pernas tremem, Lisístrata. Meus joelhos dobram.

LISÍSTRATA – (*Ignorando a reação dela.*) Se for tentada, reagirei, me transformando na própria tentação...

Cleonice – "Se for tentada, reagirei, me transformando na própria tentação..."

Lisístrata – Me farei provocante, usando minha túnica mais leve...

Cleonice – "Me farei provocante, usando minha túnica mais leve..."

Lisístrata – Pra que meu homem se queime no fogo do desejo...

Cleonice – "Pra que meu homem se queime no fogo do desejo..."

Lisístrata – Mas jamais me entregarei a ele voluntariamente...

Cleonice – "Mas jamais me entregarei a ele voluntariamente..."

Lisístrata – E, se, abusando da minha fraqueza de mulher, quiser me violentar...

Cleonice – Ai! "E se, abusando da minha fraqueza de mulher, quiser me violentar..."

Lisístrata – Serei fria como o gelo, não moverei um músculo do corpo...

Cleonice – "Serei fria como o gelo. Não moverei um músculo do corpo..."

Lisístrata – Nem mostrarei ao teto a sola das sandálias...

Cleonice – "Nem mostrarei ao teto a sola das sandálias..."

Lisístrata – Nem o ajudarei me botando de quatro como as leoas dos relevos assírios...

Cleonice – "Nem o ajudarei me botando de quatro como as leoas dos relevos assírios..."

Lisístrata – E porque manterei meu juramento, me seja permitido provar desta bebida...

Cleonice – (*Mais animada.*) "E porque manterei meu juramento, me seja permitido provar desta bebida..."

Lisístrata – Mas, se eu romper minha promessa, que este vinho se transforme em água.

Cleonice – "Mas, se eu romper minha promessa, que este vinho se transforme em água."

Lisístrata – Juram todas?

Todas – Juramos.

Lisístrata – Então eu beberei o que me cabe. (*Bebe algum tempo.*)

Cleonice – (*Avançando para a taça.*) Basta, amiga, basta: acreditamos na tua convicção. Agora beberemos todas, consolidando assim nossa amizade. (*A taça passa de mão em mão. Todas bebem. Ouvem-se gritos a distância.*)

Lampito – Que é isso? Que gritos são esses?

Lisístrata – Isso significa que está vitoriosa a primeira parte do plano: as mulheres acabam de ocupar a Acrópole. Vai logo, Lampito, volta pra organizar a subversão em Esparta. Tuas companheiras ficarão aqui, como reféns. Quanto a nós, vamos nos reunir às outras, lá na Cidadela, para ajudá-las a defender o tesouro.

Cleonice – Você acha que os homens vão contra-atacar?

Lisístrata – Me rio deles. Não cederemos, mesmo que ameacem pôr fogo na cidadela. Só se aceitarem a paz sem restrições. Aí sim, alegremente lhes abriremos as nossas... portas.

Cleonice – E tudo que quiserem.

Lisístrata – De outra forma mereceríamos o destino de escravas que a maioria dos homens quer dar. (*Saem. A cena muda para a entrada da Acrópole, pela direita entra lentamente o coro composto de velhos, carregam lenha nas costas e trazem fogareiros.*)

Corifeu velho – Devagar, Drácias, devagar. Aponta-nos o caminho como guia seguro, muito embora teu ombro sangre com o peso desse tronco de oliveira. Mas o dever nos manda para a frente. Avança que nós te seguimos.

Primeiro semicoro de velhos – Ah, a vida é uma surpresa atrás de outra surpresa. Levantamos de uma perplexidade para cair em espanto maior. Quem havia de dizer que as mulheres, que nós cuidamos, vestimos e alimentamos, teriam a ousadia de se apossar da imagem sagrada de Atena Polias, fechando a Acrópole com trancas e ferrolhos?

Coro de velhos – Vamos, Filurgos, mais depressa! Cercaremos de toras a Cidadela inteira e assaremos no espeto todas as vis conspiradoras, começando com a mulher desse sórdido Lícon, que até hoje ainda não pagou pelo crime de ter denunciado Sócrates.

Segundo semicoro de velhos – Não, por Demétrio, eu prometo, de mim elas não rirão enquanto me restar um sopro de vida na carcaça. Cleômenes, rei de Esparta, ele próprio, em pessoa, com suas próprias mãos e seu próprio medo, rendeu-se a mim, entregou-me armas e bagagens. Tinha dominado a Acrópole por um tempo, pensou que a tinha conquistado para sempre. Palavra de Júpiter é palavra minha! Quando saiu escorraçado pela ladeira abaixo cheirava mal, estava quase nu, vestido num trapo já sem cor, que mal lhe encobria o membro decadente. Encurralado ali, estava imundo, tinha uma barba imensa cheia de detrito, pois há seis anos não tomava banho. Vamos lembrar a essas mulheres que assim passa a glória do mundo e só os Deuses ficam, no tempo que flui eternamente.

Coro de velhos – Oh, Filurgos, aquilo sim, foi um sítio feito com decisão, coragem e ciência de guerra sem igual. Eu estava lá, num subcomando, terceiro capitão na ala norte. Os esquadrões tinham dezessete homens de profundidade! Quando a metade dormia a outra metade continuava o cerco do inimigo, e mesmo aos que dormiam o general Leontis ordenava que mantivessem sempre um olho aberto. E nós, heróis de um passado tão recente, vamos deixar essas mulheres peçonhentas, inimigas dos deuses e dos trágicos, conseguirem o que não conseguiram inimigos tão potentes? Por mim, se não conseguir esmagar essa insolência, jogarei na fogueira todos os meus troféus da Maratona!

Primeiro semicoro de velhos – Mas, olha, é tarefa ingrata subir esse último pedaço sem a ajuda de um animal de carga. Quase não aguento mais; os troncos arrancam a pele do meu ombro. Porém, vamos tentar: um derradeiro esforço. Cuidado! Cuidado para que o fogo não se apague, agora que chegamos ao destino. (*Sopram todos.*) Fuuuu! (*Sopram o fogo.*) Hum, que fumaceira horrenda!

Segundo semicoro de velhos – (*Canto.*) Ai, este fogo é um cão, morde meus olhos. Vamos, Lagnes, depressa! Força, Herentes, vamos, a Deusa espera por socorro! É agora ou nunca! Fuuuu! Fuuuu! (*Sopram o fogo.*) Hum, que fumaceira horrenda!

Coro de velhos – Ah, bem, pronto! Aí está nosso fogo quente e brilhante, graças aos bons deuses! Agora, primeiro descarregamos o peso desses troncos e logo acendemos um de vinha, que é mais inflamável, e o lançamos contra a porta, como aríete. Se elas não cederem à ameaça, levantando as trancas e abrindo os ferrolhos, queimaremos portas e janelas, sufocando-as com a fumaça. Tiuu. Tiuu. (*Tosse de sufocamento.*) Se aqui fora é tão desagradável, lá dentro deve estar insuportável. Hei, não há um irmão aí, que ajude a aliviar um outro irmão?

(*Todos depositam as toras no chão se ajudando mutuamente, num ritmo de balé.*) Ah, que alívio! Os ossos estalam, lembrando a todos que somos caveiras. Vamos, braseiro, cumpre o teu dever do fogo, dá uma chama ardente para que eu possa acender a tocha vingadora. Quero ser o primeiro a queimar a primeira. Vem em minha ajuda, soberana Vitória, dá-nos a força, a habilidade e a oportunidade de punir a insolência sem par das mulheres que invadiram a nossa Cidadela, e nós levantaremos a ti um monumento. (*Gesto fálico.*)

UM VELHO – Ao triunfo!

OUTRO VELHO – À fortuna! Ao êxito!

OUTRO VELHO – Ao sucesso, ao prêmio, à boa estrela!

OUTRO VELHO – Aos louros, às palmas, à conquista, à glória!

OUTRO VELHO – Ao vento em popa, ao fim colimado, à meta, aos frutos, aos aplausos!

Outro velho – Ao alvo, à expectativa, à sorte, à ovação, à coroa de rosas.

Outro velho – Ao troféu, à medalha, à grinalda, à insígnia, ao penacho, ao arco triunfal, à Vitória.

Todos juntos – À Vitória! (*Os velhos começam a acender o fogo. Entra o coro das mulheres carregando vasos cheios d'água.*)

Corifeia – Oh, prezadas companheiras, será fumaça e fogo o que estou vendo ou meus olhos me enganam? Será um incêndio ou uma conflagração? Depressa, vamos, mais depressa!

Primeiro semicoro de mulheres – Andando mais depressa, vamos, correndo mais depressa, vamos, voando, voando, vamos todas voando antes que nossas irmãs torrem no fogo maldito, ou sejam sufocadas pela maldita fumaça soprada por esses malditos velhos caducos, que pensam poder matar as cidadãs utilizando suas leis também caducas. Grandes Deuses do Olimpo, todo meu medo é chegar demasiado tarde, pois o vento sopra a favor deles. Não é minha a culpa, pois me levantei antes da aurora, mas tive que lutar com a multidão para encher minha moringa lá no chafariz. Oh, que patuleia tonta havia ali, sem noção do destino que a ameaça. Que barulho fazia na semiescuridão da noite, no semiclarear do dia. Escravos e escravas mais escravos que nunca, me empurrando e batendo, sem saber que cada gota de água que eu perdia era um hausto da liberdade deles que fugia! Contudo pra aqui vim, e aqui estou, a fim de apagar o fogo com que esses velhos senis tentam queimar minhas camaradas.

Segundo semicoro de mulheres – Notícias nos chegaram de que um bando de velhos fedorentos avançava para a Cidadela carregando toras pesando mais de três talentos. E que, depois, cada um segurando o pau em fogo, faziam diante da Acrópole uma ridícula pantomima fálica, pretendendo talvez ressuscitar uma potência que já caiu no olvido. Mas lá estão, dominando a parte exterior do templo, vomitando terríveis ameaças, gritando que vão reduzir a cinzas todas as mulheres. Oh, Deusa, eles não merecem teu perdão nem tua misericórdia. Deixa cair sobre nós a tua graça para que possamos livrar a Hélade inteira da loucura da guerra, da ferocidade dos homens. Foi com esse desígnio que minhas irmãs ocuparam a tua residência, fecharam aos homens as portas de teu Santuário. Desce como aliada, Atena Tritogênia; ajuda-nos a transportar água para apagar o fogo com que o inimigo pretende destruir-nos.

Corifeia – (*A uma das mulheres.*) De retórica basta, ah!... (*Percebendo de súbito o coro dos velhos.*) Mas que pretende com isso, canalha das canalhas? Só os homens sem deus, sem fé e sem dignidade pensariam em agir de maneira tão vil.

Corifeu – Ah, Ah! Por essa eu não esperava: um rebanho de vacas aqui de fora pretendendo salvar as outras vacas lá de dentro. Vamos assá-las todas numa fogueira só.

Corifeia – Mas por que tanta ofensa? É pra fingir coragem? Por que tanta ameaça? É pra esconder o medo? Acha que somos muitas? Pois vê aqui apenas a décima milionésima parte do que somos.

Corifeu velho – Fédrias, temos que suportar isso? Ou vamos interromper de uma vez por todas com o cacarejar dessas galinhas tontas? Uma boa vara no lombo, hein?, um bom pau nas costas, pra que não se esqueçam nunca mais de que há uma grande diferença entre os ovos da fêmea e os do macho.

Corifeia – Botem as moringas no chão, para que não nos atrapalhem, se eles quiserem mesmo violência. Pode até acontecer que estejam falando sério.

Corifeu velho – Que alguém arranque dois ou três dentes dessa cabra inútil pra que não berre tanto.

Corifeia – Pois vem, então: não arredo um pé daqui. Olha! (*Cospe no chão.*) Se passar daí te arrancarei com os dentes um pedaço do corpo que você só poderá reclamar com voz bem fina.

Corifeu velho – Silêncio, ou minha vara encurtará teus dias.

Corifeia – Ousa tocar num dedo meu! De qualquer uma!

Corifeu velho – Por quê, o que é que você vai fazer? O que é que você vai fazer depois d'eu arrebentá-la a porretadas?

Corifeia – Fica tranquilo: outra qualquer te arrancará a dentadas os pulmões e as vísceras.

Corifeu – Ah, quem tem razão é Menander. Bem que ele mostra, nas comédias dele, a falta de vergonha das mulheres.

Corifeia – Peguem as moringas de novo, camaradas. É tudo uma conversa.

Corifeu velho – Mulheres sem entranhas, inimigas dos deuses, o que é que vocês pretendem fazer com essa água?

Corifeia – E você, pé na cova, que é que você pretende fazer com esse teu fogo? Por que não o aproveita para o teu forno crematório, já que você não dura muito? Ou esse fogo é só pra dilatar o teu... (*Gesto indecente, com o polegar e o indicador.*) entusiasmo?

Corifeu velho – Vou preparar uma pira pra assar no espeto as tuas amiguinhas.

Corifeia – A minha água vai apagar teu fogo.

Corifeu velho – Vai apagar meu fogo? Ah!

Corifeia – O fogo não é muito. Uma caneca chega.

Corifeu velho – Sabe que eu não sei o que me impede de queimar teu rabo com esta tocha?

Corifeia – Pra te limpar, nojento como és, é que não há água que baste.

Corifeu velho – Você ouviu essa insolente?

Corifeia – Insolente por quê? Só porque digo o que penso? Só porque sou uma mulher livre?

Corifeu velho – Livre, é? Pois eu te ensino a liberdade! (*À tocha.*) Chama do Olimpo, queima os cabelos dela.

Corifeia – (*Falando à vasilha.*) Água imortal, afoga o fogo, teu inimigo eterno. (*As mulheres inundam os homens com os vasilhames cheios d'água.*)

Corifeu velho – Ai, desgraçadas!

Corifeia – Está muito quente?

Corifeu – Quente, suas pestes? Está gelada! Chega! Chega!

Corifeia – Deixa eu regar mais um pouco, quem sabe ainda te nasce um broto?

Corifeu – Não, já estou seco demais. Corro o perigo de rachar ao meio. Chega que estou gelado! (*Entra um comissário, seguido de quatro soldados citas.*)

Comissário – Ouvi dizer que havia aqui umas mulheres gritando, ameaçando, enfim, se desmandando, de toda forma. Ouvi dizer que agrediam os passantes com impropérios, versos maliciosos e cantos profanos acompanhados por uns tamborins. Como Comissário do povo e da Comarca vim imediatamente para restabelecer a ordem ou acabar com a desordem. Fala!

Corifeu velho – Abusaram de nós, nos insultaram, Comissário. E, não se contentando com palavras, teimaram em nos dar um banho que não pretendíamos tomar mais nesta vida. E aqui estamos nós, torcendo as roupas, pra que o povo não pense que voltamos à infância e urinamos nas fraldas.

Comissário – Por Poseidon, o marinheiro, bem feito pra nós todos. Quem permitiu que elas chegassem a tal ponto? Fizemo-las cúmplices das nossas perversidades. E com nossas libertinagens, muitas vezes sugerimos e até incrementamos as delas. A isso teríamos que chegar. Uma sociedade dissoluta. Um marido entra numa loja e diz ao joalheiro: "Parto hoje mesmo pra Tessália. Minha mulher quebrou o fecho. Se você tiver tempo vai lá em casa e vê se coloca uma cabecinha maior no fecho dela". Outro entra no sapateiro, jovem bem conhecido pela habilidade com que usa a sua ferramenta, e lhe diz: "A fivela da cinta dourada que minha mulher te comprou está machucando a pele delicada de seu ventre. Passa lá ao entardecer e dá um jeito no furinho dela. Se for preciso faz um furo novo pra que ela fique mais folgada". E é por tudo isso que eu estou aqui, comissário do povo, sem poder pagar meus comandados. As mulheres fecharam as portas do tesouro bem na minha cara. Vamos, que é que vocês fazem aí de braços cruzados? Tragam-me uma alavanca qualquer. Eu castigarei essa insolência. (*A um dos citas.*) Hei, hei, você aí, meu amiguinho, está surdo do ouvido? Ou nunca viu mulher? Vamos, todos juntos, arrombaremos essas portas para mostrar a elas que...

Lisístrata – (*Abrindo a porta e aparecendo.*) Não há necessidade de arrombar as portas. Larguem essas alavancas, essas barras, esses pés de cabras. Não precisamos disso. Nem de trancas, ferrolhos e cadeados. Precisamos apenas de um pouco de bom senso.

Comissário – (*Saltando para trás, nervoso, e recobrando a custo sua dignidade masculina.*) – Realmente, minha cara senhora? Acha mesmo que devo concordar com isso? Arqueiro, prenda essa mulher! Amarre as mãos dela nas costas.

Lisístrata – Por Artemis, a Virgem Sagrada, que se ele me tocar com a ponta dos dedos, por mais soldado do povo que seja, vai se arrepender amargamente de ter vindo ao mundo. (*O soldado se borra de medo.*)

Comissário – Como? Que é isso? Está com medo? Depois te mostro teu lugar no regulamento. (*Para outro soldado.*) Agarra ela, eu te ordeno. Pela cintura, que é mais fácil. Vai você também, ajuda ele.

Cleonice – Olha, se você colocar a mão em cima dela, eu o agredirei com tal violência que você, de medo, vomitará o que comeu o dia inteiro. E ainda porá pra fora a comida do intestino, pelo lugar devido e fedorento. (*O segundo soldado se borra de medo.*)

Comissário – Mas olhem só a sujeira que fizeram. Onde está o outro soldado? (*Ao terceiro soldado.*) Vem cá, segura primeiro essa aí, que me parece a mais audaciosa.

Mirrina – Por Febus, se você ousar tocar num fio de cabelo dela, pode chamar um sacerdote pra encomendar aos vermes do inferno a tua alma indigna. (*O terceiro soldado se borra de medo.*)

Comissário – Mas como? Que está acontecendo? Vou ficar sem um soldado? (*Ao quarto soldado.*) Não a deixe escapar. Mostra se é o homem ou a mulher quem manda aqui nesta cidade.

Lisístrata – Se esse teu soldado se aproximar dela você terá a resposta. (*Ao soldado.*) Vai, te aproxima que eu te arranco os cabelos que te restam. Não todos de uma vez, mas um a um, até deixar em sangue teu couro cabeludo. (*O quarto soldado se borra de medo.*)

Comissário – Ah, miserável que eu sou! Meus próprios soldados me abandonam, se borrando de medo. Escutem, tenham vergonha, reajam! Devemos nos considerar batidos por um bando de infelizes desorganizadas, sem a menor instrução militar? Além de mulheres, civis. É vergonha demais. Vamos, juntos, em formação de combate, avancem!

Lisístrata – Ah, querem ação conjunta? Pois terão que se defrontar com quatro batalhões de mulheres belicosas e muito bem-armadas. Estamos preparadas.

Comissário – Tudo conversa, soldados, não tenham o menor receio. As armas delas são o dedal e a agulha. Avancem! e amarrem as mãos delas nas costas. (*Os soldados avançam, mas hesitantes.*)

Lisístrata – Avante também, galantes companheiras! Saiam pro campo de luta, vendedoras de hortaliças, brandindo nabos contra o inimigo. Venham também as taverneiras, de vassouras em punho, as padeiras já que estão com a mão na massa, as costureiras, com tesoura e agulha, as cozinheiras com molhos picantes. Ataquem, agridam, varram, queimem, piquem, batam, enfiem, furem, invectivem, mordam e matem. Não tenham medo, pena, nem vergonha! Agarrem neles por onde puderem. (*As mulheres põem os citas em fuga.*)

Agora chega. Podem retirar-se. Não queremos nada do inimigo. (*Todas saem, exceto Lisístrata e as duas outras.*)

COMISSÁRIO – Que humilhação pros meus soldados! Que diminuição para os meus homens!

LISÍSTRATA – Ah, Ah! Você pensou que ia enfrentar apenas um bando de escravas desorganizadas. Agora, ao menos, já aprendeu com que ardor lutam as mulheres dignas desse nome.

COMISSÁRIO – Ardor, ardor, não nego. Mas seria melhor que o aplicassem no ato devido. Vai ver que ao chegar a hora...

CORIFEU VELHO – Senhor, senhor! Por que perder palavras com essas feras? Ainda há pouco se atiravam sobre nós como selvagens e fomos felizes de escapar tendo tomado um banho apenas. O fogo é o que merecem.

CORIFEIA – O que é que você buscava? Recebeu o prêmio de quem mete a mão onde não deve. E se tiver a ousadia de começar de novo, bem pode ser que perca os próprios olhos. Meu prazer e meu desejo era ficar em casa, quieta e delicada, tímida e recatada, como convém a uma donzela, sem incomodar ninguém, nem pedir senão aquilo que mereço. Em troca ofertaria ao mundo um pouco de graça e de beleza, um sorriso de amor e um gesto de paz. Ah, a abelha também dá mel só, mas vá alguém arrancá-lo pela violência.

Coro dos velhos – Ah, grande Zeus! Como poderemos vencer ou contentar essas feras ferozes? É mais, muito mais do que podemos suportar. Temos que descobrir como, e por que motivo, dominaram a Acrópole. Com que fim ocuparam a cidadela de Cranaos, logo o altar sagrado colocado na rocha inacessível da morada dos deuses.

Corifeu velho – (*Ao Comissário.*) Vamos, interrogue-as. Mas com cautela e sem credulidade. Seria negligência criminosa não procurarmos saber mais do que sabemos ou ficarmos sabendo menos do que poderíamos.

Comissário – (*Às mulheres.*) Primeiro eu lhes

pergunto: por que resolveram trancar as portas da Acrópole?

Lisístrata – Pra dominar o tesouro. Onde está o tesouro está o poder. Sem dinheiro, não há guerra. Compreende-se que queremos a paz?

Comissário – Com que, então, o dinheiro é a causa da guerra?

Lisístrata – E, usado na guerra, falta na paz. Por isso a guerra é opulenta e a paz é miserável. Pisandro, o oligarca, vive pregando mil rebeliões, e a cada uma aparece mais rico e mais potente. Pois resolvemos acabar com isso. Nem mais uma dracma do povo será gasta na guerra.

Comissário – E, se não me intrometo em demasia, que pretende fazer com o tesouro?

Lisístrata – Ainda não ficou claro? Vamos administrá-lo de maneira doméstica, feminina.

Comissário – Ah, é? Comprando cebolas e batatas para os pobres?

Lisístrata – Senti no que me disse uma ironia? Só a pretensão masculina julga que administrar um estado é mais difícil do que administrar um lar.

Comissário – (*Irônico.*) Um pouco diferente.

Lisístrata – Ah, não! Estou surpreendida. Vamos tentar, porém, quem sabe?

Comissário – Esse tesouro é fundamental para a manutenção da guerra.

Lisístrata – Pois é. Não entendeu! Vou explicar mais claro: não gostamos de guerra.

Comissário – E a segurança da cidade? Como sustentar nossos serviços de informações sem o tesouro? Como, sem dinheiro, descobrir os inimigos que vivem aqui dentro subvertendo a ordem? Como, sem dinheiro, pagar lá fora os amigos que subvertem a ordem dos outros em nosso benefício?

Lisístrata – Nós cuidaremos disso, na medida em que acharmos necessário.

Comissário – Vocês?

Lisístrata – (*Imitando o ar de superioridade dele.*) Nós mesmas!

Comissário – Que ousadia!

Lisístrata – Nós vamos salvar a cidade e salvar vocês também, mesmo que não o queiram.

Comissário – Que ousadia! Atinge mesmo as raias da impudência!

Lisístrata – Salvar vocês não é uma tarefa muito agradável, pode crer. Mas é nosso dever.

Comissário – Com que nome agora eu chamo isso? É mais que uma imprudência. É uma iniquidade. Ficaram loucas?

Lisístrata – Sabemos bem como é doloroso pra vocês o sentimento da impotência. Porém, repito, queiram ou não queiram, vão ser salvos!

Comissário – Mas donde veio essa ideia de se meterem na guerra e na política?

Lisístrata – (*Sentando-se.*) É fácil de explicar. Escuta.

Comissário – Mas como? Sentada assim? Acha que ainda nos resta paciência para ouvir uma dissertação? Depressa, vamos, antes que eu... (*Gesto ameaçador.*)

Lisístrata – (*Forte.*) Escuta, eu disse! (*O comissário se refreia.*) E as mãos nas costas! E nem um movimento.

Comissário – (*Raiva impotente.*) Oh, até onde terei de suportar o atrevimento a que chegaram?

Cleonice – Até onde quiser. O risco é de vocês. Tem muito mais a perder do que nós outras, se a guerra continua.

Comissário – Quer parar de cacarejar, você

também? Não basta uma coruja velha? (*A Lisístrata.*) – Fala você, mas seja breve.

Lisístrata – Se pudesse ser tão breve quanto o desejaria, diante de ouvidos tão grosseiros, eu ficaria muda. Mas serei tão breve quanto possa. O fato é que, desde o início desta última guerra – e nunca vi uma paz completa em toda a minha vida –, vimos suportando, normalmente, isto é, em silêncio e humildade, como vocês inventaram que é próprio das mulheres, a tremenda estupidez das ações masculinas. As regras patriarcais impõem que mulher não deve abrir a boca, ou melhor, só deve fazer isso silenciosamente, boquiabrindo-se de admiração diante da inteligência, da beleza ou dos atos de valor do amante, pai, marido, irmão. Qualquer macho que esteja a seu lado, por mais estúpido, torto, vesgo ou covarde que ele seja. E como obedecíamos ao jogo social, a canalha masculina, cuja superioridade se define toda num pau endurecido, acreditava que éramos felizes. Que aplaudíamos a maneira como conduziam os acontecimentos. Ah, quanta insensatez, quanta cegueira! Muitas vezes ouvíamos vocês discutindo, decidindo a vida e a morte do povo, a sorte e a felicidade dos nossos cidadãos. E os argumentos nos pareciam vistos pelo avesso e de cabeça pra baixo. Arriscávamos então uma pergunta temerosa. Com o coração pesado, mas mantendo um sorriso, indagávamos: "Querido, na Assembleia, hoje, você falou alguma coisa pela paz?" "Pra quê?", a resposta vinha como um trovão, pois vocês sabem tudo. "Que é que você tem com isso? Isso é da sua conta? Onde é que se viu mulher se imiscuir em interesses públicos? Cala a boca!" E adivinha o que fazíamos nós? (*Comissário faz gesto de quem não sabe.*) Calávamos a boca.

CLEONICE – Eu não calava, não. Falava sempre tudo que me vinha.

COMISSÁRIO – E o teu marido, não te dava as bofetadas que você pedia?

LISÍSTRATA – Pois eu não dizia mais nada. Só noutra oportunidade, diante de uma decisão ainda mais grave e mais estúpida, eu não me continha: "Mas meu marido, como é que você participou de semelhante cegueira, que pode até ser fatal, pelo menos vai ser um desastre?"

Ele apenas me olhava com infinito desprezo e respondia: "Volta pro teu bordado, cuida do teu lençol ou terá muito de que se arrepender. Guerra é pra homem".

COMISSÁRIO – E tinha toda razão. Ou vai dizer que não?

LISÍSTRATA – Eu respondo que não, pobre infeliz. Não manter um diálogo conosco, não deixar que criticássemos resoluções suicidas pra todo o país, já era demasiado grave! Mas chegamos ao ponto em que não havia mais nenhum homem válido na cidade. Recrutadores perguntavam pelas ruas: "Mas não ficou nenhum homem em toda Atenas?" e recebiam a resposta trágica: "Nenhum. Nem *um* digno do nome". Foi aí que decidimos que era chegada a hora, que a salvação da Grécia dependia agora das mulheres. Abram os ouvidos à nossa sensatez, fechem as bocas que já usaram tanto e tão inutilmente. Chegou a nossa vez de apontar o caminho.

COMISSÁRIO – *Vocês* apontarem o caminho? Mas é uma audácia que ultrapassa todas as audácias que já existiram.

Lisístrata – Quieto aí! Quieto e calado!

Comissário – O quê? Acredita mesmo que eu vá obedecer ordens de um ser inferior, desonrando minhas roupas de homem? Antes mil mortes.

Lisístrata – Se são só roupas que você teme desonrar, não se incomode. Troca comigo. Eu prometo que manterei a dignidade delas. (*Alto.*) Mas cala!

Cleonice – E pega aqui esta cesta de compras, estas agulhas de bordar, e descasca estas vagens. A guerra agora é assunto feminino. Vocês vão ver como é bom ficar em casa, submissos.

Corifeia – E com isso, basta! Ponham de lado todas as vasilhas, e vamos ajudar as nossas companheiras.

Coro de mulheres – Por mim, nunca me cansarei de dançar em louvor de minhas camaradas. Meus joelhos jamais se curvarão ao peso da fadiga. E eu enfrentarei a tudo e todos, junto a minhas irmãs, sobre quem a natureza generosa derramou a virtude que emociona, a graça que encanta, a inteligência que convence. E o patriotismo – unido à prudência.

Corifeia – Oh, boa Lisístrata, a mais galante das mulheres de Atenas, oh, corajosas amigas sem medo e sem mácula, avante! Que não nos guie nenhum ressentimento do passado, não nos impeça nenhum temor do futuro. Vamos, que o vento da fortuna agora sopra em nossa direção.

Lisístrata – E se o doce amor, o incomparável Eros, soprar também o fogo do desejo em nossas coxas, com ele atiçaremos o ardor dos homens até que não consigam mais esconder a rigidez das próprias ânsias. Pois até nisso Afrodite nos fez mais delicadas; nosso desejo é oculto e imperceptível. O deles é público e notório. Essa pequena diferença, que não chega a um palmo, nós usaremos para a paz da Grécia.

Comissário – Vocês persistem, então?

Lisístrata – Eles não acreditam. Têm razão. Aturamos tanto, tantos anos, pensam que ainda brincamos. Pois vamos acabar com esses militares fanfarrões, tantas vezes até embriagados, correndo no mercado, lança em riste, usando contra o povo as armas do estado.

Cleonice – É uma medida sanitária.

Lisístrata – Pois que, nos dias de hoje, é uma vergonha. Comem e bebem sem pagar, levam consigo pratos e panelas, e andam pelas ruas cheios de arrogância, humilhando quem não ousa baixar a vista diante deles.

Comissário – Pois têm todo o direito. Se não fossem eles, onde estaria a Pátria? Não se impõe limites a um soldado. Aos bravos, tudo! Não se confere as contas dos heróis.

Lisístrata – Aos bravos também o ridículo? Os mais graduados andam por aí, escolhendo peixe no entreposto sem tirar da cabeça o glorioso capacete do leão dourado. Ah!

Cleonice – No outro dia, na feira, eu vi um

capitão de cavalaria de cabelos cacheados tomando sopa dentro do próprio capacete, e sem descer do cavalo. Outro, também montado, assustava todo mundo, dando galopes rápidos, lança em riste, furando as frutas expostas nas barracas.

Comissário – E como vocês se propõem a restaurar a ordem e a paz em toda a Grécia?

Lisístrata – Não há nada mais simples.

Comissário – Ah, é? Não diz! (*Percebendo que Lisístrata se desinteressou de explicar.*) Vamos, explica.

Lisístrata – Quando estamos tecendo e os fios se embaraçam, nós os cruzamos pra lá e pra cá, mil vezes, pacientemente, até que os fios fiquem novamente soltos. Faremos o mesmo com a guerra. Mandaremos embaixadas cruzar o país em todas as direções, com mensagens de paz.

Comissário – E cada embaixatriz vai levar uma agulha, um novelo de lã e uma roca pra ajudar a tecer numa só teia inimigos mortais? Que mulheres ridículas!

Lisístrata – Se vocês tivessem um pouco mais de bom senso iriam, como nós, buscar as grandes soluções nas coisas simples. A tecelagem é uma lição política.

Comissário – Me explica direitinho, pode ser?

Lisístrata – Quando pegamos a lã bruta, o que fazemos primeiro é tirar dela todas as impurezas. Pois faremos o mesmo com os cidadãos, separando os maus dos bons a bastonadas, eliminando assim o refugo humano que há em qualquer coletividade. Aí pegamos os que vivem correndo atrás de cargos e proventos, e os classificamos como parasitas do tecido social – que deve ser trançado apenas com cidadãos úteis e prestantes. Usaremos, sim, mas apenas para confecções inferiores, os relapsos, os devedores do tesouro, os bêbados contumazes e todos os outros cidadãos não de todo estragados mas já em princípio de decomposição. Isso feito em todas as cidades, nos restaria considerar cada núcleo social como um novelo à parte, puxar cada fio daqui pra Atenas, dando assim ao povo, daqui e das colônias, o meio de tecer o gigantesco manto da proteção geral.

Comissário – Mas não! Vocês não têm mesmo vergonha de traçar paralelos imbecis, comparando cidadãos com novelos de lã e pretendendo resolver as complicações do estado com linhas e agulhas? Bem se vê que nunca sofreram na pele as responsabilidades de uma guerra!

Lisístrata – O quê, homem infeliz, incapaz, como qualquer homem, de ver além do seu pequeno círculo de giz?! Não conhecemos a guerra? E os filhos que criamos para enviar a guerras que vocês começam sem saber, e não sabem como acabar?

Comissário – Cala a boca, mulher. Não vem agora com lamúrias e recordações dolorosas

Lisístrata – E, além disso, em vez de cumprir aquilo a que a natureza nos destinou, em nossa idade e força, em vez de gozar os prazeres do amor, aproveitando ao máximo nossa juventude e nossa beleza fugidia, ficamos aqui, na solidão, num leito angustiado, porque nossos maridos foram todos pra guerra. Mas não falo por mim, pelas casadas, falo mais pelas meninas que brotam, se abrem em flor, e murcham sozinhas sem um amor que as colha.

Comissário – Ué, e os homens lá, que defendem a pátria, também não envelhecem?

Lisístrata – Não é, nunca foi, nunca será igual. Quando o guerreiro volta, embora alquebrado e com os cabelos brancos, sempre lhe é possível arranjar alguma bela jovem. Mas para a mulher a primavera é curta. E quando o outono chega já ninguém mais a olha e ela se recolhe na semiescuridão da alcova a consultar oráculos cruéis.

Comissário – Mas também, você tem que entender que um homem, quando ainda é capaz de uma ereção, não vai gastá-la numa muxiba velha.

Lisístrata – Me diz uma coisa, porque é que

você não cai morto aí, hein? Já não passou da tua hora? Você é rico, pode comprar um bom caixão. Vai, morre! Eu te preparo um lindo bolo funerário. Camaradas, ajudem-me a enterrá-lo. (*Começam a atirar sobre ele tudo que têm ao alcance da mão.*)

CLEONICE – Morre logo, que eu te prometo também uma mortalha. (*Atira coisas sobre ele.*)

MIRRINA – E eu te trago uma coroa. Toma por conta. (*Cobre-o de poeira.*)

LISÍSTRATA O que é que te falta ainda? Vai, cadáver! Caronte está te esperando com a barca da morte pra te levar pras profundas do inferno.

COMISSÁRIO – (*As mulheres se afastam. O Comissário se limpa.*) Por Zeus, que nunca fui tratado de modo tão humilhante. É um insulto que não posso tolerar! Vou imediatamente me apresentar ao Tribunal para que meus companheiros vejam o estado a que as mulheres de Atenas pretendem reduzir toda a magistratura.

Lisístrata – E diga que venham todos, pra tratamento igual. Diga-lhes que a lei, agora, também é feminina. Se isso não é melhor, pelo menos será bem mais barato. (*Entra na Acrópole, com Cleonice e Mirrina.*)

Corifeu – Despertem para a luta todos os homens válidos de Atenas. Não podemos mais dormir um só instante. (*Com relação à sujeira feita pelos soldados.*) Isto realmente não está me cheirando bem. Temos que nos preparar.

Coro dos velhos – O cheiro que eu sinto por aqui é de coisa bem mais desagradável. Está no ar um terrível fedor de tirania, como se Hípias de novo nos trepasse às costas. Suspeito que esses espartanos reunidos em casa de Clistênio vieram especialmente para acirrar o ânimo das inimigas dos deuses, instigando-as a tomar o tesouro e não pagar minha pensão, no fim do mês.

Corifeu – Por que; atentem bem. É um crime e uma vergonha deixar mulheres fazerem arengas aos cidadãos, ensinando-lhes que isto é patriótico, aquilo é ilegal, isto é cívico, aquilo imoral. Elas chegaram à ousadia de pregar união com os espartanos, nos quais devemos confiar menos do que numa alcateia de lobos esfaimados. Repito, minha gente, que tudo isso não é mais do que uma tentativa de restabelecer a tirania. Mas eu: eu não me submeterei! Pra começar a reação vou me colocar agora mesmo na praça, como estátua, no monumento de Hecateia. (*Imita estátua grega, com punho direito erguido. A mão esquerda, à altura do ombro, segurando a toga.*) E quando essa estúpida passar vou lhe mijar em cima.

CORIFEIA – Pode ser. Mas eu não te aconselharia a fazer isso, porque, depois, nem tua própria mãe vai te reconhecer. Antes, porém, amigas e aliadas, vamos aliviar um pouco nossas costas. (*Tiram os casacos mais pesados, depositam-nos no chão.*)

CORO DE MULHERES – E agora, todos os que são cidadãos, escutem o que tenho a dizer. Mulher que sou, fraca embora no conceito geral dos cavalheiros, venho aqui dar meus conselhos à cidade, que de mim merece tudo, pelo carinho e calor com que me tratou no berço, pelas distinções e pelo luxo com que me acompanhou até a juventude. Aos sete anos de idade eu carregava as ânforas sagradas, aos dez botava incenso no altar de Atenas; depois, vestindo a túnica amarela, fui virgem de Afrodite nas festas de Braurônia. E enfim, feita donzela, alta e formosa, meu corpo já pronto para ser mulher, pedi à Deusa que me libertasse de meus votos de virgindade e passei a usar um colar de figos secos.

Corifeia – Por tudo isso, vim aqui trazer a Atenas o meu melhor conselho. Não é um crime ter nascido mulher, e minhas palavras devem ser seguidas se puderem curar os nossos infortúnios. A minha contribuição ao Estado, eu a dou em filhos, que alimento e crio. Mas vocês, velhotes miseráveis, não contribuem com coisa alguma pra comunidade. Pelo contrário, malbarataram todo o tesouro que nossos antepassados conquistaram com suor e prudência. E, como compensação, continuam a arriscar a vida de todos os cidadãos e a segurança do Estado com guerras insensatas. Têm, como defesa, uma palavra que seja? Pois se têm, não a digam. Será na certa uma mentira que vai me irritar ainda mais. E ao primeiro que disser mais uma mentira, quebramos o queixo com nossas sandálias. Para isso calçamos as mais pesadas.

Coro dos velhos – Ultraje sobre ultraje! A insolência, incontida, aumenta de insolência. Mas vamos acabar com isso, camaradas, vamos mostrar a essas cadelinhas que ainda somos homens, que nossos bagos ainda estão inteiros! Fiquem nus da cabeça aos pés, arranquem as roupas, sacudam do peito a velhice e o cansaço, mostrem que somos de novo jovens, como no tempo em que o inimigo nos cercava em Lipsydrion.

Corifeu velho – Perfeito. Se cedermos, a audácia delas não terá limites! Até se resolverem formar cavalaria montarão muito melhor do que nós, pois têm o traseiro mais firme e nenhum apêndice na frente incomodando na hora do galope. É agora, antes que seja tarde, que devemos botar a coleira no pescoço delas.

Corifeia – Não temerei as ameaças masculinas enquanto tiver Lampito aqui ao meu lado; e também esta jovem tebana, minha querida

Ismênia. Podem fazer decretos e mais decretos condenando as mulheres, ó, criaturas abomináveis, que nós não cederemos. Inda ontem, pruma festa em honra de Hécate, pedi a uns vizinhos da Beócia que possuem uma filha de extraordinária beleza que a deixassem vir a minha casa. Tiveram que recusar, segundo me disseram, porque há um novo decreto proibindo que as mulheres muito jovens visitem outras cidades sem autorização especial. Que abominação! Não deixaremos de sofrer vexames, vocês não pararão de nos tolher cada vez mais com decretos sem fim, enquanto não reagirmos com a violência necessária. (*Para Lisístrata, que sai da Acrópole.*) Rainha de nossa causa, tu que és o guia de nossa empresa gloriosa, por que vens assim com ar tão sombrio?

Lisístrata – O que me traz melancolia é o comportamento dessas mulheres sem força e sem caráter. Não sei o que fazer diante de tal falta de brio.

Corifeia – O que é que você está dizendo?

Lisístrata – A verdade. Estou dizendo apenas a verdade.

Corifeia – Mas que aconteceu de tão grave, que mudou tua face tão depressa? Conta a tuas amigas.

Lisístrata – Ah, é vergonhoso contar! Mais vergonhoso calar.

Corifeia – Não oculte nada de mal que tenha atingido a nossa causa. Precisamos saber.

Lisístrata – Para dizer tudo o mais breve possível: elas não aguentam mais viver sem fornicar.

Corifeia – Oh, Zeus! Oh, Zeus!

Lisístrata – Que adianta apelar para os deuses? Elas sentem uma atração mais forte aqui na Terra. Não posso mais impedir que elas procurem os homens. Estão cheias de luxúrias, dispostas a toda humilhação, ansiosas por serem esmagadas novamente. Começam a desertar. Peguei a primeira alargando a pequena abertura junto à gruta de Pã. Outra estava descendo o monte por uma corda que tinha, não sei como, amarrado a uma polia. Uma outra, num canto, já havia entrado em contato com o inimigo e, através dela, o inimigo penetrava a nossa cidadela. Cheguei a tempo de arrancá-la chorando e esperneando, do entrevero em que ia se perdendo. Mas o inimigo lá ficou, sozinho, de arma na mão, sem saber o que fazer com ela, outra ainda, trepada nas costas de um ganso, tentava, pura e simplesmente, voar pra casa, quando eu a segurei pelos cabelos. Cada uma, e todas, estão inventando pretextos para debandar. (*Apontando para a porta.*) Olha! Lá está uma tentando dar o fora. Olá, você aí. Onde é que vai com tanta pressa?

Primeira mulher – Preciso voltar pra casa. Me lembrei que deixei lá toda minha lã milesiana. A essa altura deve estar sendo comida pelas traças.

Lisístrata – Eu sei! Conheço bem o tamanho da traça de que você fala. Volta pra lá, correndo!

Primeira mulher – Juro pelas duas deusas que eu vou correndo! Só o tempo de espalhar a minha lã na cama.

Lisístrata – Você não vai espalhar nada na cama! Já disse e basta: ninguém sai daqui.

Primeira mulher – Mas então devo perder toda minha lã?

Lisístrata – Você não acha que é muito pouco para o bem da causa?

Segunda mulher – Ah, infeliz que eu sou! Triste fim para as minhas túnicas de linho! Deixei-as todas esquecidas na umidade.

Lisístrata – Está aí outra, querendo aquecer o linho dela na cama, na qual, naturalmente, nunca deu mofo, de tanto que a usa.

Segunda mulher – Oh, eu juro pela deusa da luz do alvorecer, no instante em que tiver protegido o meu linho volto pra cá como um raio.

Lisístrata – O que você quer é proteger teu lenho. Volta! Se eu deixar que uma saia, nossa revolução está perdida.

Terceira mulher – Oh, Ilítia, protetora divina

das gestantes, detém meu parto, até que eu chegue a um lugar profano onde os deuses me permitam dar à luz.

Lisístrata – Mas que bobagem você está rezando aí?

Terceira mulher – É que eu sinto as terríveis dores do parto. Vou ter um filho agora, aqui, agora mesmo!

Lisístrata – Como? Ontem você não estava grávida.

Terceira mulher – Mas hoje estou. Ah, me deixa ir em busca da parteira, Lisístrata, é urgente. Se não eu dou à luz neste lugar sagrado.

Lisístrata – Que fábula está me contando? (*Apalpa o estômago dela.*) Que filho tão duro é esse?

Terceira mulher – É um menino.

Lisístrata – Menino!? Só se tem a cabeça oca.

(*Bate na barriga dela, ouve-se som metálico. Abre-lhe a roupa.*) Criatura ridícula! E ainda tem a coragem de usar o sagrado capacete de Palas, para tal mentira.

TERCEIRA MULHER – Não é mentira. Estou realmente grávida.

LISÍSTRATA – Então para que esse elmo, desgraçada?

TERCEIRA MULHER – Se as dores chegassem lá na Acrópole eu pretendia ter meu filho nesse elmo, como as galinhas fazem com os ovos.

LISÍSTRATA – Acho melhor você desistir dessa gravidez imediatamente antes que eu obrigue esse teu filho a nascer mesmo embaixo de pauladas.

TERCEIRA MULHER – Eu não consigo mais dormir na Acrópole depois que a serpente que guarda o templo me apareceu, uma noite dessas.

QUARTA MULHER – E eu? Infeliz, não consigo dormir com o pio alucinante das corujas. Há noites e noites que não prego um olho: vou morrer de cansaço.

Lisístrata – Vocês, mulheres sem fé e sem coragem! Eu sei bem o que significam esses pios e essas serpentes noite adentro. Significam somente que vocês desejam a volta de seus homens. Mas não lhes passa pela mente que eles estão vivendo noites igualmente negras?

Terceira mulher – Sei lá, bem poderão se arranjar doutra maneira.

Lisístrata – Ah, tua imaginação não para, excitada ao máximo. Um pouco mais de paciência e a vitória é nossa. O oráculo nos prometeu o sucesso, se ficarmos unidas. Querem que eu repita as palavras dele?

Terceira mulher – Fala. Que declarou o oráculo?

Lisístrata – Ouçam em silêncio, então! (*Lê.*)
"Se as pombinhas
Ficarem todas juntas

Fugindo a pombos
E a empombados falos
Os seus males ficarão logo
Menores
E as coisas de amor, depois,
Serão maiores.
Mas se a dissensão
dividir as pombas
e elas voarem sozinhas
do templo sagrado
serão devoradas
pelas forças brutas.
Congregadas,
serão respeitadas.
Dissolvidas,
serão dissolutas."

Terceira mulher – A profecia é clara.

Lisístrata – Portanto, companheiras, não convém fraquejar diante do primeiro sátiro tentador que nos penetra em sonhos. Seria vergonhoso, irmãs, desconfiarmos do oráculo a esta altura da campanha. (*Todas voltam à cidadela.*)

Coro dos velhos – Agora, aos que têm ouvidos, eu canto a fábula que me foi contada por meu pai, que a ouviu de seu pai, que a ouviu também de seu pai, e que chegou aqui assim, de pai em pai em pai em pai em pai. Ouvidos prontos? Era uma vez um mancebo chamado Melânio, que odiava a ideia do casamento tão profundamente que foi viver sozinho em lugar selvagem. Morava numa montanha, tecia as próprias redes, e com elas pegava coelhos com que se alimentava. Mas se pegava uma coelha, soltava logo, tal o horror que tinha de mulheres. Pois nós, tão castos quanto Melânio, como ele nos comportaremos até que essas mulheres estrebuchem e morram em contorções de luxúria insatisfeita.

Um velho – (*Começando um pequeno dueto com uma das mulheres.*) Sabe, minha velha, que eu gostaria muito de te possuir?

Mulher – Pois é. E eu gostaria que você tentasse pra te arrancar uma de cada coisa que você tem duas: um olho, uma orelha e um... sabe, não sabe?

Velho – Pensando bem, prefiro te dar um pontapé.

Mulher – (*Apontando.*) Que matagal fechado você tem aí!

Velho – Só Mironides tem um bosque mais denso do que o meu, na frente. Mas atrás é que ele tem realmente uma floresta negra. Tão negra que, nas lutas, ele se punha nu, de costas, e os inimigos fugiam de pavor temendo ver sair dali feras terríveis.

Coro de mulheres – Eu também quero contar um conto para rebater esse do teu Melânio. Havia, há muito tempo, um homem chamado Tímon, um esquisitão, insociável, um verdadeiro filho das fúrias, cujos pelos do rosto pareciam herdados de um porco-do-mato. Porque, não aguentando mais conviver com outros homens, achando todos torpes e sebosos, retirou-se do mundo depois de vomitar sobre eles mais de um milhão de pragas variadas. Mas, como era um homem de verdade, adorava as mulheres.

Mulher – (*Começando outro dueto.*) Que é que você faria se eu te desse um soco na cara?

Velho – (*Recuando vivamente.*) Vamos ver. Medo eu não tenho.

Mulher – E se eu te der um pontapé?

Velho – Eu aproveito para olhar tua coisa.

Mulher – O que é que você pode ver com a lamparina? Que eu me depilo bem?

Lisístrata – (*Sai correndo da Acrópole.*) Olá! Olá! Venham todas correndo. Aqui. Depressa!

Uma das mulheres – O que foi? Por que esses gritos?

Lisístrata – Um homem! Um homem! Um guerreiro se aproxima. Parece a proa de um barco apontando para cá. Vem aceso, afogueado pelas chamas de Eros bendito.

Mulher – Quem é ele? Um estranho? Um inimigo?

Lisístrata – Está lá, junto do templo de Deméter.

Mulher – Ah, é, estou vendo. Quem será?

Lisístrata – Ninguém conhece?

Mirrina – (*Cheia de alegria.*) Eu conheço! É Cinésias, meu marido! É o pai de meu filho.

Lisístrata – Ao trabalho, então! Tua tarefa é inflamá-lo, torturá-lo, atormentá-lo. Seduções, carícias, provocações de toda espécie, tudo e, no fim, a total negação. Faça tudo com ele – exceto o que está proibido pelo nosso juramento.

Mirrina – Não tenha medo. Eu sei como tratá-lo.

Lisístrata – Eu fico contigo para te ajudar a excitá-lo até a loucura. Quanto a vocês, retirem-se. (*Cinésias entra seguido de um escravo que carrega um menino. Cinésias está em estado de extrema excitação sexual.*)

Cinésias – Ai, Ai! Que infeliz eu sou. Acho que estou com uma doença incurável. Diariamente sinto convulsões terríveis, espasmos estranhos, e súbito endurecimento de algumas partes do corpo. A esta tortura é preferível a roda.

Lisístrata – Olá! Quem foi que ousou forçar as nossas linhas?

Cinésias – Fui eu.

Lisístrata – O que, um homem?

Cinésias – Nunca o fui tanto.

Lisístrata – Saia daqui.

Cinésias – Mas quem é você, que assim me expulsa?

Lisístrata – A sentinela do dia.

Cinésias – Em nome de Deus, então chama Mirrina.

Lisístrata – Está bem, eu vou chamar Mirrina. Quem é você?

Cinésias – O marido dela. Cinésias Peonidas.

Lisístrata – Ah, bom dia, meu prezado amigo. Teu nome é muito conhecido de nós todas. Tua mulher não tira ele dos lábios, está com ele na boca o dia inteiro. Não toca um figo, favo ou pera que não diga: "Tem gosto de Cinésias".

Cinésias – É verdade o que contas?

Lisístrata – Sim, por Afrodite. E quando se fala em outros homens ela nos olha com desdém e exclama que todos juntos não valem um dedo do pé esquerdo do seu homem.

Cinésias – Ah, por favor, por favor, me chama essa mulher.

Lisístrata – E o que é que você me dá, se eu fizer isso?

Cinésias – Qualquer coisa, o que você quiser. (*Apontando para a evidência de sua condição.*) Isso te agrada?

Lisístrata – Bem, eu, eu vou chamá-la. (*Entra na Acrópole.*)

Cinésias – Depressa, oh, depressa! A vida não tem mais encantos para mim desde que ela abandonou meu lar. Entro em casa com o rosto em pranto, tudo me parece tão vazio, até meus alimentos já não têm sabor. Tudo isso apenas porque esta maldita peça do meu corpo teima em apontar sempre pro alto.

Mirrina – (*Para Lisístrata, sobre o ombro dela.*) Eu o amo! Ah, como eu amo! Mas ainda não posso lhe dar o meu amor. Te peço, Lisístrata, evita de me colocar ao lado dele.

Cinésias – Mirrina, minha linda e amada Mirrininha, o que é que você está dizendo? Desce aqui logo.

Mirrina – Não, eu não posso.

Cinésias – Mas eu te chamo, te peço. Sou teu marido. Você não me obedece, Mirrininha?

Mirrina – Mas por que eu havia de te obedecer? Você não me quer.

Cinésias – Mas não te quero, Mirrina? Estou aqui, de pé, impaciente, com algo que te espera ainda mais de pé e mais impaciente.

Mirrina – Adeus, eu vou embora. (*Ela se volta, saindo.*)

Cinésias – Oh, Mirrina, Mirrina, pelo amor que você tem a nosso filho, ouve! Ouve a criança, pelo menos! Queridinho, chama mamãe, chama!

Criança – Mamãe! Mamãe! Mamãe!

Cinésias – Está ouvindo? Não tem pena do pobre garotinho? Há seis dias que não se lava, nem come direito.

Mirrina – Claro que tenho pena, pobre filho. Um pai tão negligente.

Cinésias – Desce, querida, vem cuidar dele um pouco.

Mirrina – Ah, como ser mãe é doloroso! Bem, eu vou descer. Espera! (*Se aproxima.*)

Cinésias – (*Quando ela se aproxima.*) Oh, ela ficou mais jovem e mais bonita! E esse olhar de ternura sem igual com que me envolve! Seu desdém para comigo, a crueldade com que vem me tratando, só fazem aumentar o meu desejo e a forma material com que se mostra.

Mirrina – (*Ignorando-o. À criança.*) Filho querido, por que Deus foi te dar pai tão malvado? Vem, um abraço bem apertado, que a mamãe te adora.

Cinésias – Por que você se deixa levar pela conversa estúpida dessas mulheres levianas? Me faz sofrer uma ânsia insuportável, mas não creio que a sua seja menor que a minha.

Mirrina – (*Quando ele se aproxima para abraçá-la.*) Tira as mãos de cima de mim, senhor!

Cinésias – (*Recuando.*) Nossa casa está irreconhecível. Sujeira, desarrumação, uma tristeza.

Mirrina – Que me importa?

Cinésias – Não te importa ver teus melhores vestidos arrastados na lama do quintal? As galinhas fizeram ninho em cima de tua túnica da Trácia.

Mirrina – Que é que você quer? Que eu chore?

Cinésias – E Afrodite, cujos mistérios você já não celebra? Vem, Mirrina, volta pra casa, eu peço.

Mirrina – De jeito algum. Até que um tratado sensato ponha fim à guerra, não.

Cinésias – Bem, está certo. Se isso pra você é tão vital, nós fazemos o tal tratado.

Mirrina – Então, quando o assinarmos, *depois* de o assinarmos, eu vou pra casa. Antes não posso. Estou presa a um terrível juramento.

Cinésias – Mas esse juramento não pode afrouxar nem um pouquinho pra você se deitar meia hora com o próprio marido?

Mirrina – Não! Nunca! (*Hesita.*) Mas seria mentir que eu não te...

Cinésias – Me quer! Então por que não deita aqui comigo um minutinho só, Mirrina?

Mirrina – (*Fingindo estar escandalizada.*) Mas você está brincando! Na frente da criança?

Cinésias – (*Para o escravo.*) Manes, leva o menino pra casa. Pronto, viu? O menino sumiu. Deita agora um pouquinho.

Mirrina – Mas, homem grosseiro, que não tem a menor delicadeza para o amor, você acha que eu vou me entregar a você aqui, nesse chão duro?

Cinésias – Bem se vê que você já não me ama. Houve um dia em que você me forçou a possuí-la na estrada de Delfos. E era tudo calcário. (*Tendo uma ideia.*) Na caverna de Pã. É um lugar excelente.

Mirrina – E depois onde eu vou me purificar pra poder voltar à cidade?

Cinésias – Nada mais fácil. Na fonte Clepsidra.

Mirrina – E meu juramento? Você quer que eu seja chamada de perjura?

Cinésias – Eu tomo a responsabilidade toda, não tenha medo.

Mirrina – Está bem. Vai, então, e me prepara um leito.

Cinésias – Mas, onde eu vou arranjar um leito aqui em cima? No chão, lá dentro, e basta! Vem!

Mirrina – Não, não! Sei que você é um homem cruel, mas mesmo assim é meu marido. Me corta o coração ver você se deitar na terra. (*Sai.*)

Cinésias – (*Encantado.*) Ah, como ela me ama!

Mirrina – (*Voltando com um estrado.*) Pronto, te deita que eu vou tirar a roupa. Ah, não! Temos que arranjar uma esteira.

Cinésias – Assim está bom! Já chega.

Mirrina – Não. Assim é perigoso. Conheci um cidadão que, no entusiasmo do ato, prendeu parte importante de si mesmo nas ripas de um estrado e ficou gemendo mais de um ano.

Cinésias – Tomo cuidado, deixa! Me dá um beijo.

Mirrina – Um minutinho só. (*Sai de novo.*)

Cinésias – Ah, ai, ai, ah! Volta depressa!

Mirrina – (*Voltando com uma esteira.*) Pronto. Uma esteira. Te deita que eu vou tirar a minha roupa. Vira pra lá. Ah, o travesseiro!?

Cinésias – Não quero não. Detesto.

Mirrina – Mas eu quero. Já volto já. (*Sai de novo.*)

Cinésias – Oh, Deus, oh, Deus, ela pensa que meu membro é de ferro!

Mirrina – (*Volta com um travesseiro.*) Pronto, levanta a cabeça, meu amor. (*Ele não entende. Ela aponta-lhe a cabeça.*) Essa daí! (*Imaginando com que mais torturá-lo!*) Será que já tem tudo?

Cinésias – Tudo! Tudo! Vem, meu tesouro!

Mirrina – Estou só desapertando o cinto. Olha... você não vai esquecer o que prometeu sobre a paz? Palavra?

Cinésias – Mas claro, amor, por essa luz que desce lá do...

Mirrina – Ih, não tem cobertor.

Cinésias – Por Zeus, não! Eu não quero me cobrir. Quero cobrir! Mirrina, eu estou é com calor!

Mirrina – (*Saindo de novo.*) Não fica com medo não, meu amor. Não vai acabar. Eu sou muito moça ainda. E volto logo.

Cinésias – Essa mulher vai me matar de tamanho tesão. Eu vou explodir de tesão.

Mirrina – (*Voltando com um cobertor.*) Levanta aí.

Cinésias – (*Apontando.*) Não levanto mais nada. Já levantei tudo que podia. Abaixa aqui e vamos.

Mirrina – Como, você não quer que eu te perfume? Você não era tão grosseiro assim. Sempre deixava que eu te perfumasse todo, prolongando o amor até...

Cinésias – Mas prolongar o quê, mulher? Hoje, querida, te peço, me deixa amar depressa! O perfume depois!

Mirrina – Ah, não, por Afrodite, um perfuminho só. Deixa só um pouquinho. (*Ela sai de novo.*)

Cinésias – Alguém já conheceu tortura igual?

Mirrina – (*Voltando com um frasco de perfume.*) Estende a mão. Agora esfrega.

Cinésias – Hum, em nome de Apolo! Se eu não estivesse acima do desinteresse, esse perfume acabava o meu desejo.

Mirrina – Mas que infeliz eu sou. Te dei bálsamo de rosas. Eu vou...

Cinésias – Não vai nada, Mirrina. O cheiro é esplêndido.

Mirrina – Ah, não, Cinésias, seria incapaz de te amar com esse cheiro. Espera. (*Sai.*)

Cinésias – Que a peste devore por toda a eternidade o homem que primeiro destilou um perfume.

Mirrina – (*Volta com outro frasco.*) Toma, experimenta este.

Cinésias – (*Rilhando os dentes.*) Chega, Mirrina! É outro o recipiente que me interessa. Te deita aqui, criatura sem entranhas, e não ousa pegar em outro frasco que não seja o meu.

Mirrina – Já vou. Já vou, meu bem. Estou só tirando minhas sandálias. Mas olha, só te peço uma coisa: antes de dormir comigo trata de votar primeiro pela paz, está bem? (*Sai correndo.*)

Cinésias – (*Quase chorando, numa cena de furor e frustração, batendo com os punhos no estrado.*) Ah, eu vou morrer de ardor, não tenho em quem me pôr. Fugiu a desgraçada, me deixando em tormento, depois de aumentar minha vontade a uma medida que jamais pensei vir a atingir. Desgraçadas mulheres. Bem mais sábios são aqueles soldados que se entendem entre si, sem buscar a perfídia dessas criaturas fugidias. Que faço agora com meu próprio corpo? (*Em estilo trágico.*) Deuses, não sei onde me enfio... de vergonha. (*Ao membro.*) Pobre criança, só ela poderia te alimentar com seu carinho. Onde é que está Filostatros, o dono de prostíbulos, o mercador de cortesãs? Rápido, homem, arranja uma mulher qualquer para cuidar do meu menino! (*Filostatros sai, dando uma olhada para o membro de Cinésias.*)

Corifeu velho – Em que estado deplorável venho te encontrar, pobre infeliz. Decepcionado e intumescido. Só posso lamentar e me penalizar. Não sei como é que os rins de um homem podem aguentar tanta pressão. E que dizer da alma? Da glande? Dos testículos? Juro que em minha longa vida nunca tinha visto um animal com rabo desse lado.

Cinésias – E o crescimento dele me trouxe terríveis convulsões.

Corifeu velho – A que estado ela te reduziu.

Cinésias – Me ampliou!!!

Corifeu velho – A odienta. A celerada.

Cinésias – A suave. A mais encantadora e terna.

Corifeu – Encantadora e terna? Essa virago? Zeus, por que o senhor dos céus não manda um furacão dos mais terríveis levantar essa mulher num remoinho, atirando-a depois de volta à Terra para que caia empalada nesse ferro? (*Entra um arauto espartano. Está, visivelmente, nas mesmas condições de Cinésias.*)

Arauto – Por favor, onde fica o senado de Atenas? Trago notícias importantes (*Entra um magistrado ateniense.*)

Magistrado – Quem é você, um homem ou um priapo?

Arauto – (*Com esforço para se manter digno.*) Não seja grosseiro. Sou um arauto de Esparta, enviado como embaixador aqui a Atenas.

Magistrado – Pelo visto é um embaixador plenipotenciário.

Arauto – Trago proposta de paz.

Magistrado – Mas então, por que fica com essa lança aí apontando pra mim?

Arauto – (*Embaraçado.*) Lança? Oh, o senhor não entendeu nada.

Magistrado – Que é? Alguma inchação na virilha causada pelo esforço da viagem?

Arauto – Por Castor, que o homem só tem um pensamento. É um maníaco.

Magistrado – (*Arrancando a capa do arauto.*) Ah, patife, estava me escondendo aí essa magnífica ereção.

Arauto – Não estava escondendo coisa alguma. Nem podia.

Magistrado – Pois bem, quais são as novidades que trazes de Esparta?

Arauto – Reina a desordem total. Cada soldado apareceu com uma arma nova, que só não assusta o inimigo porque o inimigo surgiu com arma igual. Uma ereção universal.

Magistrado – Mas essa epidemia também devasta os nossos. Quem a levou a Esparta?

Arauto – Lampito. Instigou todas as mulheres a escorraçarem os homens do leito conjugal depois de excitá-los até a loucura. Agora há uma ordem geral entre as mulheres. Fechar as pernas e não abrir a boca.

Magistrado – E que fazem vocês?

Arauto – Sofremos, ora! Todo mundo na cidade anda dobrado para a frente, curvado ao peso da... desdita. As feras juraram que não deixarão nem mexermos naquilo que queremos se não concordarmos com a paz em toda Hélade.

Magistrado – Não há que negar: é uma conspiração abarcando a Grécia inteira. Volta a Esparta e diga-lhes que enviem embaixadores com todos os poderes para tratar da paz com outros estados. Quanto a mim, vou correndo ao Senado, para comunicar aos senadores que a coisa é grave e tende a aumentar. Se não se convencerem mostrar-lhes-ei o meu próprio instrumento, que eu não pensava mais voltar a ver em estado semelhante. Não respeita nem mesmo a minha idade.

Arauto – Creio que os senadores ficarão convencidos da urgência da ação. Vou correndo falar com os de Esparta. (*Saem em direções opostas.*)

Corifeu velho – Não há animal selvagem mais selvagem, nem chama mais ardente, nem fúria mais feroz e indominável do que a da fêmea do homem. O leopardo é mais suave e tem as unhas menos perigosas.

Corifeia – E contudo você teima em me hostilizar em pura perda, quando podia ter em mim uma amiga sincera, uma aliada fiel.

Corifeu – Não me interessa. Seja o que for que ocorra, caiam sobre minha cabeça todas as desgraças, meu ódio contra as mulheres nunca há de diminuir de intensidade. Oh, nunca, nunca!

Corifeia – Como quiser. A escolha é sua. Contudo não posso te deixar nu, assim, porque todo mundo que passa irá zombar de ti. Toma; deixa eu botar esta túnica em você. (*Ela o veste, ajudada pelas outras mulheres.*)

Corifeu velho – Está bem, agradeço. Você tem razão. Foi um excesso de raiva que me fez botar minha túnica fora. Não queria que coisa alguma atrapalhasse meus gestos de ódio.

Corifeia – Agora, ao menos, você parece um homem de bem. Ninguém vai te ridicularizar.

Corifeu velho – Ai, ui! Que dor! Um inseto no meu olho! Não aguento! Me mata.

Corifeia – Está vendo? Se você não tivesse me ofendido tanto, agora eu podia te ajudar, que para essas coisas serve a amizade.

Corifeu velho – Está me matando de dor, esse demônio! Toma, pega meu anel, e vê se tira.

Corifeia – Está bem, eu tiro, mas não devia. Pra você aprender a não ser mal-educado. Puxa, é grande o inseto! Olha. Está mais aliviado?

Corifeu velho – Muitíssimo. Obrigado. Ele estava cavando um fosso no meu olho. Eu nem conseguia chorar. Agora posso e é um alívio. Ah, que prazer deixar correr as lágrimas.

Corifeia – Vou enxugá-las pra você, mas repito, você não merece, homem odioso! Dá um beijo agora.

Corifeu velho – Um beijo? Isso não!

Corifeia – Pois vou lhe dar um beijo, você queira ou não queira.

Corifeu velho – Ah, malditas mulheres! Razão tem o poeta: "Ruim com elas, pior sem elas!" Vamos, vamos combinar que não brigamos mais de ora em diante. E para celebrar isso vamos entoar juntos nosso louvor à paz.

Coro combinado de mulheres e velhos – Atenienses, dora em diante não falaremos mal de mais ninguém, trataremos a todos como irmãos. Já chega de infortúnios, ódios e calamidades. Se alguém, homem ou mulher, precisa de dinheiro, digamos, de duas ou três minas, que venham sem temor, nossa bolsa está cheia. E se, por acaso, a paz for concluída, ninguém terá que pagar mais a ninguém. Tudo será de todos, e nada de ninguém. Tenho ainda uma bela terrina de sopa quente e um porquinho tenro e saboroso que ofereço de pleno coração. Espero todos lá em casa ainda hoje. Não tenham receio, porque nossa porta estará... muito bem trancada.

Corifeu velho – Hei! Parece que chegam outros embaixadores. Coitados, caminham com dificuldade, como se estivessem carregando um embrulho pesado entre as pernas. (*Os homens* *se aproximam no mesmo estado do arauto anterior.*) Salve a todos, amigos forasteiros. De que estado são, se mal pergunto?

Embaixador – Espartanos. Mas que importa, amigo? Agora, como vê, em toda a Grécia o nosso estado é o mesmo.

Corifeu velho – É, sinto que realmente as dificuldades crescem a olhos vistos. A situação está cada vez mais dura.

Embaixador – Não há como resistir mais à ausência do inimigo. Para atacá-lo como desejamos, é preciso que ele próprio nos abra a sua cidadela. Ao trabalho! Devemos assinar a paz de qualquer forma, com condições, sem condições, mas já. Olhem nossa condição!

Corifeu velho – Pois à tarefa. Nossos homens todos também adquiriram essa doença atlética. Viram, subitamente, desenvolver-se no corpo um músculo inteiramente novo. Músculo que, ao contrário dos outros, diminui com o exercício. (*O magistrado volta. Agora também tem motivos para querer a paz.*)

Magistrado – De repente eu também senti crescer em mim o apelo da paz. Onde é que está Lisístrata? Será que ela não se compadece da nossa condição humana? (*Abre e fecha a túnica rapidamente.*)

Corifeu velho – (*Apontando.*) O mal ataca toda a Grécia. Os que já foram atacados há mais tempo dizem que a situação, de manhã ao levantar do dia, é que é terrível.

Magistrado – A tortura é indizível. Se a paz não for feita em vinte e quatro horas, já há um grupo disposto a apelar para Clistênio e outros belos rapazes, seus amigos.

Corifeu velho – Aceitem o meu conselho: disfarcem os instrumentos o mais possível, escondam-nos nas dobras dos vestidos. Dizem que, ontem, um Senador que se exibia distraidamente foi atacado por aquele grupo de loucos que vivem mutilando as estátuas dos sátiros.

Magistrado – Por Zeus, que é um conselho sábio. (*Tenta, sem muito sucesso, esconder a condição em que se encontra.*)

Embaixador espartano – Um infortúnio atrai outro infortúnio.

Magistrado – Só mulheres parecem não se preocupar com a nossa enfermidade. Espartanos, amigos na desgraça, teremos que ceder. Já mandamos convocar Lisístrata. É a única pessoa com poder para fazer voltar tudo ao normal, tirando-nos essa ridícula aparência de elefantes de tromba enlouquecida.

Embaixador espartano – Acho que se Lisístrata não resolver logo, vamos ter que apelar para um Lisístrato.

Magistrado – Perdão, mas acho que a paz deve ser feita em toda a Grécia. E nós, atenienses, diferentes de vocês, bons espartanos, não temos inclinação pra substituições como essa.

Embaixador espartano – Na aparência, amigo. Mas o mundo sabe que vocês também, atenienses, não desdenham de todo certas variações, desde que discretas. Silêncio, aí vem ela. É ela? (*Lisístrata sai da Acrópole.*)

Corifeu velho – Salve, ó, mais corajosa e mais sábia das mulheres da Grécia. Chegou o momento de te mostrares inteira em tua força de mulher, irredutível e conciliatória, terrível mas sensata, cruel e doce, fria e dura na justiça, mas condescendente com a fraqueza do homem. Apelamos para a tua perícia e habilidade. Vê, Lisístrata, aqui estão reunidos alguns dos melhores da Hélade. Seduzidos pelo teu fascínio, confiantes na tua hegemonia, concordam em botar nas tuas mãos o problema que os mata. Paz, mulher!

Lisístrata – A tarefa é bem fácil – desde que os homens não procurem resolver o problema entre eles mesmos, sem o natural auxílio feminino. Se o fizerem eu serei informada de imediato e a paz será suspensa, para sofrimento dos homens masculinos. Vigiem, pois, e não permitam nenhum desvio da linha que traçamos. Tragam a paz. A bela e tranquila, a sonhadora paz. (*A Deusa, na forma de uma linda jovem nua, entra trazida pela Máquina.*) Companheiras, tragam até aqui todos os outros embaixadores. Mas, atenção! Não com grosseria ou violência, como costumam fazer conosco nossos homens, mas delicadamente, como é tão próprio das mulheres. Se eles recusarem a mão, não quiserem vir por bem, podem arrastá-los à força, puxando-os pelos membros. (*A ordem é cumprida.*) Muito bem: agora, espartanos, deste lado! E vocês, atenienses, deste! Todos prestem atenção! Sou apenas uma mulher, mas cheia de bom senso. A natureza me dotou de ótimo discernimento, que eu, felizmente, pude desenvolver graças aos ensinamentos de meu pai e aos conselhos dos mais velhos, que sempre ouvi e analisei. Primeiro quero fazer uma censura que serve pra ambos os lados em disputa. Em Olimpia, em Delfos, nas Termópilas e numa porção de outros locais, vocês celebram cerimônias, fazem oferendas aos deuses. As oferendas e as cerimônias são comuns a todos os helenos. A terra que pisamos também é posse comum de todos os helenos. E no entanto vocês vivem se massacrando uns aos outros, cortando as cabeças uns dos outros e saqueando as cidades que deveriam proteger dos bárbaros. Porque, enquanto brigamos, os estrangeiros se organizam, nos ameaçam, a qualquer momento podem nos destruir. Aqui termina a primeira parte do que tinha a dizer.

MAGISTRADO – (*Devorando a paz com os olhos.*) Ainda tem mais? Ai, céus, como demora essa introdução!

LISÍSTRATA – Espartanos, agora é a vocês que eu me dirijo: já se esqueceram de que Períclidas, compatriota de vocês, veio se ajoelhar diante dos nossos altares? Eu o vi, com estes olhos. Estava pálido como um morto, envolvido na túnica escarlate. Veio pedir um troço de homens que o ajudasse a salvar o seu estado. Era no tempo em que Messênia avançava sobre vocês impiedosamente e a fúria dos deuses o ajudava, fazendo tremer dias seguidos todo o solo de Esparta. Cimom marchou pra lá imediatamente, à frente de quatro mil dos seus homens de elite, e derrotou Messênia. E vocês pagam isso devastando o país que, na hora mais grave, não hesitou em lhes oferecer seu sangue.

MAGISTRADO – Eles erram, Lisístrata, eles falham, não sabem o que fazem.

EMBAIXADOR ESPARTANO – Erramos, Lisístrata, erramos. Estamos prontos a corrigir-nos. (*Olhando para a paz.*) Grande Deusa! Com uma paz assim tão tentadora tudo que eu quero é me atracar com ela.

Lisístrata – Antes, porém, uma palavra aos de Atenas. Vocês já esqueceram de que, quando usavam a túnica de escravos, foram os espartanos que vieram de espada em riste e puseram em fuga as hostes dos tessálios, mercenários de Hípias, o tirano? Eles, e eles sozinhos, lutaram a nosso lado naqueles dias de amargura, nos livraram a nós do despotismo e, graças a eles, nossa nação pôde trocar a túnica servil pela toga de lã do homem livre.

Embaixador espartano – (*Olhando para Lisístrata.*) Jamais vi mulher mais nobre nem mais graciosa. Nem tão tranquila dignidade.

Magistrado – (*Olhando a paz.*) Nem eu jamais pensei que a paz fosse tão... promissora.

Lisístrata – Ligados assim por tantos serviços mutuamente prestados através dos anos, por que continuar em guerra? Por que continuar a pôr lenha na fogueira desse ódio sem sentido? Digam, o que é que impede isso?

Embaixador espartano – Nada. Apenas uma coisa: queremos usar como bem entendermos o nosso bastião. (*Olha para o traseiro da paz.*)

Lisístrata – Que bastião, amigo?

Embaixador espartano – A cidade de Pilos, que há tanto tempo está em poder de vocês.

Magistrado – Pilos, jamais. Se a exigência é essa, então não há paz.

Lisístrata – Calma, calma, camaradas. Sempre é possível um acordo.

Magistrado – Se cedermos Pilos, perderemos uma excelente base de manobras.

Lisístrata – Pede outra cidade em troca dessa.

Magistrado – Está bem! Vocês nos entregam Equinos, o golfo de Maliaco, ali perto, e a bela entrada da baía de Megara.

Embaixador espartano – E nós vamos aceitar essa troca? Caro senhor, só se estivéssemos completamente loucos.

Lisístrata – Bem, se não há possibilidade de acordo, a paz que se recolha, nós mulheres continuamos também a nossa luta. (*A Paz vai se retirando na Máquina.*)

Magistrado – (*Retendo a paz.*) Não, não. Espera. Por mim, estou disposto a contornar qualquer dificuldade. (*À parte.*) Desde que o contorno seja feminino. (*Tira o manto.*)

Embaixador espartano – Eu também não desejo outra coisa senão viver no seio da paz. (*Olha para a Paz.*)

Lisístrata – Pois calma, então, que a paz chega pra todos. Consultem os outros e vejam o que pretendem.

Magistrado – Mas consultar o quê? Você parece que não pegou o principal. Estamos todos no cio. A Hélade inteira é uma ereção só, esperando se deitar toda na acolhedora cama da paz. Você, Lisístrata, vai conseguir realizar a maior festa de amor jamais vista. Este é o dia em que todos amarão todos, com ardor que o mundo jamais viu.

Lisístrata – Muito bem dito, eu digo! Agora vão e se purifiquem para entrar na Acrópole, onde as mulheres os estão esperando para a ceia. Trouxemos tudo que tínhamos nas despensas para a volta dos homens bem amados. À mesa entoaremos loas aos deuses e trocaremos votos e promessas de paz e de carinho. E aí... aí cada um pegará sua mulher e irá embora.

Magistrado – Vamos então pra essa limpeza. Rápido!

Embaixador espartano – Você aponta: eu olho. Você dirige: eu sigo. Eu sou seu companheiro, amigo. Vamos em frente: como um cego e seu guia.

Magistrado – Minha ordem é só essa: Rápido! Rápido! (*Seguem Lisístrata. Entram na Acrópole.*)

Coro de mulheres – (*Canto.*) Tapeçarias e brocados, túnicas bordadas e camisolas finas como o ar, ornamentos de ouro, serviços de prata, tudo que é meu é de vocês, eu ofereço a todos de todo coração. Levem o que precisarem ou desejarem, para o filho, para a esposa e para a filha virgem que espera o prometido. Não há, aqui, nada tão bem fechado que não possa ser aberto com facilidade, para vocês tirarem de dentro o que entenderem ou botarem lá dentro o que quiserem. Se, por acaso, a algum de vocês falta o grão com o que alimentar o escravo, a mulher, o filho, não esperem, levem os cereais desta despensa. Os mais pobres tragam bolsas e sacos, meus escravos encherão uns e outros, do melhor que haja. Aqui tudo é de vocês. Apenas uma coisa – cuidado com o cachorro! (*Outro Magistrado entra e começa a bater na porta da Acrópole.*)

Segundo magistrado – Vocês aí, abram a porta! (*À Corifeia.*) Abre a porta, anda! Vamos. (*Às mulheres que se sentam em frente à porta.*) E vocês, que é que pretendem? Ah, já sei, querem ser tostadas pela minha tocha. Que sem-vergonhice! Não, não queimarei nenhuma de vocês a não ser que seja absolutamente necessário. (*Para, espera.*)

Uma ateniense – Precisa de ajuda? (*Maneja a tocha que tem na mão e o coro de mulheres sai.*)

Segundo magistrado – (*Ao coro de velhos.*) Fora, fora, vocês também, ou eu lhes arranco esses restos de cabelos brancos. Deixem o caminho livre para os espartanos! Eles vêm vindo da festa da Paz. (*Os velhos se retiram.*)

(*Imediatamente saem, como já tendo terminado o banquete ateniense.*)

Magistrado – Jamais na vida vi banquete igual. Os espartanos são encantadores. Então, depois que eles bebem e depois que nós bebemos, nós ficamos mais encantados com eles e eles mais encantadores pra nós. Que encanto são esses lacedemônios! É apenas natural da natureza; sóbrios, somos todos tolos. Se os senadores aceitassem meus conselhos, Atenas só enviaria às outras cidades embaixadores bêbados. Chegamos em Esparta. A ordem é não beber. E o que acontece? Na primeira discussão entramos em conflito. Não compreendemos o que eles nos dizem, imaginamos uma porção de coisas que eles não disseram, respondemos grosso, sem a boa vontade que a bebida traz e, pronto! Já lá se vai uma embaixada. Mas olha, vê como hoje é diferente! Tudo que acontece é bom, é divertido. Podem até arrotar na hora de nossos cantos sagrados que não achamos má educação. Um perjúrio ou dois durante uma boa refeição entre amigos, algum deus vai lá ligar pra isso? (*Os dois coros voltam.*) Mas voltaram de novo? Querem ir embora daqui antes que os ponha pra fora da cidade a pontapés? (*Os coros saem novamente.*)

ATENIENSE – Ah! Ah! Lá vêm os nossos camaradas saindo da festança! (*Dois coros, um espartano, outro ateniense, entram, dançando à música de flauta. São seguidos pelas mulheres, lideradas por Lisístrata.*)

UM ESPARTANO – (*Ao flautista.*) Maravilhoso flautista, toca como nunca pra que eu dance uma bela dipodia da Lacedemônia em honra dos amigos de Atenas e cante um belo canto em honra de nós mesmos.

ATENIENSE – Toca, flautista, toca. É um prazer pra nós, atenienses, ver dançar e cantar a gente de Esparta.

ESPARTANO – (*Dançando e cantando.*) Oh! Mnemósine, deusa que guarda a memória do passado, inspira estes homens para que não se esqueçam. Para que ensinem. E cantem ao povo e aos mais jovens os feitos espartanos, a glória ateniense. Diga-lhes da fúria guerreira com que, em Artamísio, os atenienses desceram como javalis sangrentos sobre os navios medas. Vitória das vitórias foi aquela! Quanto a nós, Leônidas nos conduzia com a fúria de uma manada de elefantes loucos. Ah, lembrança marcial da juventude espartana: o suor descendo em cascatas pelas nossas costas, molhando nossos membros, pois – e eu não minto – havia na praia mais persas do que grãos de areia. Artemis, virgem Deusa da caça, protege a paz que estamos combinando: faz com que nossos corações se unam para sempre. Que este tratado transforme os inimigos em amigos e em irmãos os que já se estimavam. Não mais perfídias, emboscadas, estratagemas de destruição. Vem. Teu auxílio, donzela das florestas.

Magistrado – E agora, que respondam com o mesmo ardor os cânticos atenienses.

Coro ateniense – Venham juntos, dançarinos, cantores, as graças com vocês, invocando todos e cada um. Artemis e seu irmão gêmeo, o gracioso Apolo, e também Dionísio. Sem esquecer de Baco, para que com eles desça até o próprio Zeus, dominador dos raios. Louvemos, juntos, todos os Deuses juntos, para que venham todos testemunhar a nobre paz que agora mora entre nós, trazida pela mão do amor. Louvação! Louvação! Cantem e dancem em honra da vitória da mulher. Evoé. Evoé!

Magistrado – E vocês, lacedemônios, deixem que ouçamos uma última estrofe da bela voz de Esparta.

Espartano – (*Canto.*) Desce, desce mais uma

vez das alturas do Taigeto, ó, musa espartana, e vem cantar comigo, neste carnaval de dança e amor, que só pode ser realizado na paz. Desce, irmã, vem ajudar a cantar em louvor de Apolo de Amicles e da Atenas do templo de bronze. Venham todos depressa que a dança é bela, a música contagia, nossas donzelas são lírios a serem colhidos pelas mãos mais hábeis. Nossas mulheres estão lindas. Nunca foram tão lindas! Batem no chão com os pés velozes, lançam ao vento as longas cabeleiras; e as bacantes ondeiam o corpo sensual, em louca tentação, estimuladas pelo Deus do Vinho. Evoé! Evoé! Venham todos dançar e cantar em honra da vitória da mulher!

Lisístrata – (*Entrando vestida com uma toga maravilhosa.*) E agora, basta! partam todos que eu também tenho direito ao meu descanso. (*Risos alegres, palmas, concordância.*) A comemoração pública terminou. Que cada um, agora, aproveite bem o seu prazer particular. Cada homem recolhe sua mulher e volta para casa. Mas, atenção: os espartanos, as suas, os atenienses, as deles. Cada um deve se contentar com o que tem. Que ninguém se engane de propósito, trocando sua mulher por outra melhor, pois isso pode começar uma nova guerra. (*Risos, palmas, alegria. Todos saem. Lisístrata fica só. Música. Vem entrando seu marido, um belo guerreiro. Ele fica estático, a certa distância dela, duas figuras lindas. Quase imperceptivelmente ela faz um gesto. Ele entende, tira as armas, o escudo, toda a paramentação militar. Estende as mãos. Ela avança, se ajoelha, beija-lhe as mãos em submissão. A sugestão sexual fica mais audaciosa enquanto a luz desce. Blecaute.*)

SOBRE A PEÇA

Durante a Antiguidade, realizavam-se na cidade de Atenas concursos dramáticos anuais, por ocasião dos grandes festejos em honra à divindade de Dionísio. No ano de 487 a.C., pela primeira vez um concurso de peças cômicas passou a fazer parte das festividades (até então, apenas peças sérias – as tragédias – eram premiadas). Nascia o gênero teatral da comédia.

Essas peças cômicas consistiam em espetáculos com unidade dramática e enredos mirabolantes, com sucesso popular e sempre malvistos pela intelectualidade antiga (segundo Aristóteles, em *A Poética*, a comédia era um gênero menor). Assim como a montagem das tragédias, a das comédias era financiada pelo erário público. O autor – ou, melhor dizendo, o poeta, já que o texto de todas as peças era escrito em forma de verso – escrevia não apenas as falas dos atores, mas compunha a música das partes cantadas, coreografava, dirigia o espetáculo e, às vezes, também atuava. A atuação ficava a cargo de homens, e todos usavam máscaras: brancas em caso de papéis femininos, negras para os masculinos. As peças eram apresentadas no teatro de Dionísio: um grande local para espetáculos a céu aberto, ao sul da acrópole, com lugar para até 17 mil espectadores. O preço do ingresso era baixo, e o Estado pagava a entrada para os atenienses mais pobres.

No geral, as tramas das comédias situavam-se em Atenas, e, por meio dos personagens, compunha-se um painel social semelhante àquele que formavam, fora do palco, as pessoas da plateia. Tratava-se, em cena, de assuntos do interesse comum dos cidadãos, das instituições atenienses, da vida intelectual e artística, da educação, da política externa e do andamento da guerra (a do Peloponeso, sobretudo).

Lisístrata foi representada pela primeira vez em um festival de teatro em 411 a.C. Não se sabe qual classificação obteve. O enredo remete às circunstâncias de um fato histórico concreto: em 415 a.C, os atenienses decidiram enviar uma expedição de auxílio à sua aliada Segesta, que lutava, então, com Selinonte (ambas cidades da antiga Sicília). Em caso de vitória, Atenas teria facilitado o seu acesso ao outro lado do Mediterrâneo. Mas os exércitos e generais atenienses foram vergonhosamente derrotados pelos de Siracusa, aliada da cidade de Selinonte, naquilo que foi a maior derrota experimentada por Atenas até então. Além dessas ameaças externas, os membros da oligarquia ateniense, contrários à democracia, multiplicavam complôs e manobras políticas que desestabilizavam a organização da cidade-estado.

Em meio a tal panorama de perigo iminente e de surda guerra civil foi encenada *Lisístrata*. Neste libelo pacifista, pró-união dos estados gregos, as mulheres – que na vida real sequer eram consideradas cidadãs atenienses – reúnem-se, deliberam sobre o futuro de sua sociedade e dos seus, ameaçado pela guerra, e tomam uma atitude drástica. O caráter satírico dos gêneros cômicos facilitava com que se invertessem os costumes e fossem colocadas em cena mulheres com papéis importantes (o que também acontece em outras peças do autor). A obra de Aristófanes é recheada de recursos cênicos satíricos, por vezes absurdos e burlescos, e o tom obsceno do enredo – como as megaereções dos maridos das grevistas – provém, em parte, das origens mágicas e ritualísticas do teatro e das relações deste com os cultos pagãos e humanistas à fecundidade e à fertilidade. Embora fizessem parte do caráter carnavalesco das comédias os mais diversos disparos contra as instituições e os cidadãos ilustres, Aristófanes usa e abusa de acusações e referências críticas a políticos, administradores da época e demais cidadãos (depois da encenação de *Os babilônios*, chegou a sofrer um processo judiciário devido aos ataques contidos na peça). A despeito do tom cômico, em *Lisístrata* – assim como nas outras obras do comediógrafo – há seriedade no trato de alguns sentimentos: o amor pela paz, a nostalgia pelos primórdios da democracia ateniense, ataques aos sofistas e aos seus novos princípios educativos, a ode ao campo e a denúncia dos perigos da cidade, local de perdição e corrupção.

Aclamado pelo público e desprezado pelos eruditos, mesmo assim o gênero da comédia antiga se desenvolveu e sua chama perdura até hoje, nas incontáveis formas cômicas que são suas herdeiras. Mas daquela comédia dramática antiga, que tanto sucesso obtinha, apenas peças de Aristófanes chegaram até nós.

SOBRE O TRADUTOR

Millôr Fernandes (1924-2012) estreou muito cedo no jornalismo, do qual veio a ser um dos mais combativos exemplos no Brasil. Suas primeiras atividades na imprensa foram em *O Jornal* e nas revistas *O Cruzeiro* e *Pif-Paf*. Estudou no Liceu de Artes e Ofícios do Rio de Janeiro e, já integrado à intelectualidade carioca, trabalhou nos seguintes periódicos: *Diário da Noite*, *Tribuna da Imprensa* e *Correio da Manhã*, sofrendo, diversas vezes, censura e retaliações por seus textos. De 1964 a 1974, escreveu regularmente para *O Diário Popular*, de Portugal. Colaborou também para os periódicos *Correio da Manhã*, *Veja*, *O Pasquim*, *Isto É*, *Jornal do Brasil*, *O Dia*, *Folha de São Paulo*, *O Estado de São Paulo*, entre outros. Publicou dezenas de livros, entre os quais *A verdadeira história do paraíso*, *Poemas* (**L&PM** POCKET), *Millôr definitivo – A bíblia do caos* (**L&PM** POCKET) e *O livro vermelho dos pensamentos de Millôr* (**L&PM** POCKET). Suas colaborações para o teatro chegam a mais de uma centena de trabalhos, entre peças de sua autoria, como *Flávia, cabeça, tronco e membros* (**L&PM** POCKET), *Liberdade, liberdade* (com Flávio Rangel, **L&PM** POCKET), *O homem do* *princípio ao fim* (**L**&**PM** POCKET), *Um elefante no caos* (**L**&**PM** POCKET), *A história é uma história*, e adaptações e traduções teatrais, como *Gata em telhado de zinco quente*, de Tennessee Williams, *A megera domada*, de Shakespeare (**L**&**PM** POCKET), *Pigmaleão*, de George Bernard Shaw (**L**&**PM** POCKET), e *O jardim das cerejeiras* seguido de *Tio Vânia*, de Anton Tchékhov (**L**&**PM** POCKET).

Coleção L&PM POCKET

1190. **Procurando diversão** – Mauricio de Sousa
1191. **E não sobrou nenhum e outras peças** – Agatha Christie
1192. **Ansiedade** – Daniel Freeman & Jason Freeman
1193. **Garfield: pausa para o almoço** – Jim Davis
1194. **Contos do dia e da noite** – Guy de Maupassant
1195. **O melhor de Hagar 7** – Dik Browne
1196.(29). **Lou Andreas-Salomé** – Dorian Astor
1197.(30). **Pasolini** – René de Ceccatty
1198. **O caso do Hotel Bertram** – Agatha Christie
1199. **Crônicas de motel** – Sam Shepard
1200. **Pequena filosofia da paz interior** – Catherine Rambert
1201. **Os sertões** – Euclides da Cunha
1202. **Treze à mesa** – Agatha Christie
1203. **Bíblia** – John Riches
1204. **Anjos** – David Albert Jones
1205. **As tirinhas do Guri de Uruguaiana 1** – Jair Kobe
1206. **Entre aspas (vol.1)** – Fernando Eichenberg
1207. **Escrita** – Andrew Robinson
1208. **O spleen de Paris: pequenos poemas em prosa** – Charles Baudelaire
1209. **Satíricon** – Petrônio
1210. **O avarento** – Molière
1211. **Queimando na água, afogando-se na chama** – Bukowski
1212. **Miscelânea septuagenária: contos e poemas** – Bukowski
1213. **Que filosofar é aprender a morrer e outros ensaios** – Montaigne
1214. **Da amizade e outros ensaios** – Montaigne
1215. **O medo à espreita e outras histórias** – H.P. Lovecraft
1216. **A obra de arte na era de sua reprodutibilidade técnica** – Walter Benjamin
1217. **Sobre a liberdade** – John Stuart Mill
1218. **O segredo de Chimneys** – Agatha Christie
1219. **Morte na rua Hickory** – Agatha Christie
1220. **Ulisses (Mangá)** – James Joyce
1221. **Ateísmo** – Julian Baggini
1222. **Os melhores contos de Katherine Mansfield** – Katherine Mansfield
1223.(31). **Martin Luther King** – Alain Foix
1224. **Millôr Definitivo: uma antologia de *A Bíblia do Caos*** – Millôr Fernandes
1225. **O Clube das Terças-Feiras e outras histórias** – Agatha Christie
1226. **Por que sou tão sábio** – Nietzsche
1227. **Sobre a mentira** – Platão
1228. **Sobre a leitura *seguido do* Depoimento de Céleste Albaret** – Proust
1229. **O homem do terno marrom** – Agatha Christie
1230.(32). **Jimi Hendrix** – Franck Médioni
1231. **Amor e amizade e outras histórias** – Jane Austen
1232. **Lady Susan, Os Watson e Sanditon** – Jane Austen
1233. **Uma breve história da ciência** – William Bynum
1234. **Macunaíma: o herói sem nenhum caráter** – Mário de Andrade
1235. **A máquina do tempo** – H.G. Wells
1236. **O homem invisível** – H.G. Wells
1237. **Os 36 estratagemas: manual secreto da arte da guerra** – Anônimo
1238. **A mina de ouro e outras histórias** – Agatha Christie
1239. **Pic** – Jack Kerouac
1240. **O habitante da escuridão e outros contos** – H.P. Lovecraft
1241. **O chamado de Cthulhu e outros contos** – H.P. Lovecraft
1242. **O melhor de Meu reino por um cavalo!** – Edição de Ivan Pinheiro Machado
1243. **A guerra dos mundos** – H.G. Wells
1244. **O caso da criada perfeita e outras histórias** – Agatha Christie
1245. **Morte por afogamento e outras histórias** – Agatha Christie
1246. **Assassinato no Comitê Central** – Manuel Vázquez Montalbán
1247. **O papai é pop** – Marcos Piangers
1248. **O papai é pop 2** – Marcos Piangers
1249. **A mamãe é rock** – Ana Cardoso
1250. **Paris boêmia** – Dan Franck
1251. **Paris libertária** – Dan Franck
1252. **Paris ocupada** – Dan Franck
1253. **Uma anedota infame** – Dostoiévski
1254. **O último dia de um condenado** – Victor Hugo
1255. **Nem só de caviar vive o homem** – J.M. Simmel
1256. **Amanhã é outro dia** – J.M. Simmel
1257. **Mulherzinhas** – Louisa May Alcott
1258. **Reforma Protestante** – Peter Marshall
1259. **História econômica global** – Robert C. Allen
1260.(33). **Che Guevara** – Alain Foix
1261. **Câncer** – Nicholas James
1262. **Akhenaton** – Agatha Christie
1263. **Aforismos para a sabedoria de vida** – Arthur Schopenhauer
1264. **Uma história do mundo** – David Coimbra
1265. **Ame e não sofra** – Walter Riso
1266. **Desapegue-se!** – Walter Riso
1267. **Os Sousa: Uma família do barulho** – Mauricio de Sousa
1268. **Nico Demo: O rei da travessura** – Mauricio de Sousa
1269. **Testemunha de acusação e outras peças** – Agatha Christie

1270(34).**Dostoiévski** – Virgil Tanase
1271.**O melhor de Hagar 8** – Dik Browne
1272.**O melhor de Hagar 9** – Dik Browne
1273.**O melhor de Hagar 10** – Dik e Chris Browne
1274.**Considerações sobre o governo representativo** – John Stuart Mill
1275.**O homem Moisés e a religião monoteísta** – Freud
1276.**Inibição, sintoma e medo** – Freud
1277.**Além do princípio de prazer** – Freud
1278.**O direito de dizer não!** – Walter Riso
1279.**A arte de ser flexível** – Walter Riso
1280.**Casados e descasados** – August Strindberg
1281.**Da Terra à Lua** – Júlio Verne
1282.**Minhas galerias e meus pintores** – Kahnweiler
1283.**A arte do romance** – Virginia Woolf
1284.**Teatro completo v. 1: As aves da noite** *seguido de* **O visitante** – Hilda Hilst
1285.**Teatro completo v. 2: O verdugo** *seguido de* **A morte do patriarca** – Hilda Hilst
1286.**Teatro completo v. 3: O rato no muro** *seguido de* **Auto da barca de Camiri** – Hilda Hilst
1287.**Teatro completo v. 4: A empresa** *seguido de* **O novo sistema** – Hilda Hilst
1289.**Fora de mim** – Martha Medeiros
1290.**Divã** – Martha Medeiros
1291.**Sobre a genealogia da moral: um escrito polêmico** – Nietzsche
1292.**A consciência de Zeno** – Italo Svevo
1293.**Células-tronco** – Jonathan Slack
1294.**O fim do ciúme e outros contos** – Proust
1295.**A jangada** – Júlio Verne
1296.**A ilha do dr. Moreau** – H.G. Wells
1297.**Ninho de fidalgos** – Ivan Turguêniev
1298.**Jane Eyre** – Charlotte Brontë
1299.**Sobre gatos** – Bukowski
1300.**Sobre o amor** – Bukowski
1301.**Escrever para não enlouquecer** – Bukowski
1302.**222 receitas** – J. A. Pinheiro Machado
1303.**Reinações de Narizinho** – Monteiro Lobato
1304.**O Saci** – Monteiro Lobato
1305.**Memórias da Emília** – Monteiro Lobato
1306.**O Picapau Amarelo** – Monteiro Lobato
1307.**A reforma da Natureza** – Monteiro Lobato
1308.**Fábulas** *seguido de* **Histórias diversas** – Monteiro Lobato
1309.**Aventuras de Hans Staden** – Monteiro Lobato
1310.**Peter Pan** – Monteiro Lobato
1311.**Dom Quixote das crianças** – Monteiro Lobato
1312.**O Minotauro** – Monteiro Lobato
1313.**Um quarto só seu** – Virginia Woolf
1314.**Sonetos** – Shakespeare
1315(35).**Thoreau** – Marie Berthoumieu e Laura El Makki
1316.**Teoria da arte** – Cynthia Freeland
1317.**A arte da prudência** – Baltasar Gracián
1318.**O louco** *seguido de* **Areia e espuma** – Khalil Gibran
1319.**O profeta** *seguido de* **O jardim do profeta** – Khalil Gibran
1320.**Jesus, o Filho do Homem** – Khalil Gibran
1321.**A luta** – Norman Mailer
1322.**Sobre o sofrimento do mundo e outros ensaios** – Schopenhauer
1323.**Epidemiologia** – Rodolfo Sacacci
1324.**Japão moderno** – Christopher Goto-Jones
1325.**A arte da meditação** – Matthieu Ricard
1326.**O adversário secreto** – Agatha Christie
1327.**Pollyanna** – Eleanor H. Porter
1328.**Espelhos** – Eduardo Galeano
1329.**A Vênus das peles** – Sacher-Masoch
1330.**O 18 de brumário de Luís Bonaparte** – Karl Marx
1331.**Um jogo para os vivos** – Patricia Highsmith
1332.**A tristeza pode esperar** – J.J. Camargo
1333.**Vinte poemas de amor e uma canção desesperada** – Pablo Neruda
1334.**Judaísmo** – Norman Solomon
1335.**Esquizofrenia** – Christopher Frith & Eve Johnstone
1336.**Seis personagens em busca de um autor** – Luigi Pirandello
1337.**A Fazenda dos Animais** – George Orwell
1338.**1984** – George Orwell
1339.**Ubu Rei** – Alfred Jarry
1340.**Sobre bêbados e bebidas** – Bukowski
1341.**Tempestade para os vivos e para os mortos** – Bukowski
1342.**Complicado** – Natsume Ono
1343.**Sobre o livre-arbítrio** – Schopenhauer
1344.**Uma breve história da literatura** – John Sutherland
1345.**Você fica tão sozinho às vezes que até faz sentido** – Bukowski
1346.**Um apartamento em Paris** – Guillaume Musso
1347.**Receitas fáceis e saborosas** – José Antonio Pinheiro Machado
1348.**Por que engordamos** – Gary Taubes
1349.**A fabulosa história do hospital** – Jean-Noël Fabiani
1350.**Voo noturno** *seguido de* **Terra dos homens** – Antoine de Saint-Exupéry
1351.**Doutor Sax** – Jack Kerouac
1352.**O livro do Tao e da virtude** – Lao-Tsé
1353.**Pista negra** – Antonio Manzini
1354.**A chave de vidro** – Dashiell Hammett
1355.**Martin Eden** – Jack London
1356.**Já te disse adeus, e agora, como te esqueço?** – Walter Riso
1357.**A viagem do descobrimento** – Eduardo Bueno
1358.**Náufragos, traficantes e degredados** – Eduardo Bueno
1359.**Retrato do Brasil** – Paulo Prado
1360.**Maravilhosamente imperfeito, escandalosamente feliz** – Walter Riso
1361.**É...** – Millôr Fernandes
1362.**Duas tábuas e uma paixão** – Millôr Fernandes
1363.**Selma e Sinatra** – Martha Medeiros
1364.**Tudo que eu queria te dizer** – Martha Medeiros
1365.**Várias histórias** – Machado de Assis

lepmeditores
www.lpm.com.br
o site que conta tudo

IMPRESSÃO:

PALLOTTI
GRÁFICA

Santa Maria - RS | Fone: (55) 3220.4500
www.graficapallotti.com.br